...GID, [illegible]...

...GIRAL-DUCROS, Jurisconsulte et Membre...
Tribunal.

LE-ROI, ancien Avocat au Parlement de Paris,
Membre du Tribunat.

LEJOURDAN, Jurisconsulte, Membre du Tribunat.

LEROY, Capitaine - Rapporteur près le Conseil de
guerre de Paris.

LUDOT, Jurisconsulte, Membre du Tribunat.

MALLEVILLE, Juge au Tribunal de Cassation.

MALHERBE, Jurisconsulte, Membre du Tribunat.

MATHIEU, ancien Commissaire central de la Seine,
Membre du Tribunat.

MAUGLER, Jurisconsulte.

MERLIN (de Douay), Jurisconsulte.

MORAND, Membre du Corps législatif.

MORISSE, ancien Chef au Ministère des Finances.

MOURICAULT, ancien Commissaire près le Tribunal
de Cassation, Membre du Tribunat.

MOURRE, Commissaire du Gouvernement près le
Tribunal d'appel.

MURAIRE, Président du Tribunal de Cassation.

MYNIER, Juge au Tribunal de Cassation.

PASTORET, anc. Magistrat, Auteur de Confucius,
des Lois pénales, etc.

POIRIER, Jurisconsulte.

PONS (de Verdun), Substitut Commissaire près le
Tribunal de Cassation.

PORTIEZ (de l'Oise) Jurisconsulte, Membre du Tribunat.

PORTALIS, Jurisconsulte, Conseiller d'Etat.

PRIEUR (de la Marne), Jurisconsulte.

RIGAULT, ancien Accusateur public de la Seine,
Juge au Tribunal criminel.

ROBIN, Commissaire du Gouvernement près le Tribunal de première instance.

COURS

DE

PRATIQUE MILITAIRE.

Cet Ouvrage publié à Nancy, en 1788, et exclusivement destiné à l'usage des Officiers du ci-devant Régiment du Roi, n'avoit point paru dans le commerce; le petit nombre d'Exemplaires restant de l'Edition fut séquestré pendant plusieurs années; il est enfin mis en vente sous un nouveau Frontispice, et augmenté d'une Table des Matières qui n'existe pas dans les Exemplaires précédemment distribués.

Le dépôt actuel de l'Ouvrage est chez MM. *Treuttel* et *Würtz*, Libraires, à Paris, rue de Lille, n° 17; et à Strasbourg, même Maison de Commerce.

COURS

DE

PRATIQUE MILITAIRE,

OU

PARTIE DE LA SCIENCE DE L'OFFICIER,

RELATIVE

A LA GUERRE DE CAMPAGNE.

PAR M. FOSSÉ, ANCIEN LIEUTENANT-COLONEL.

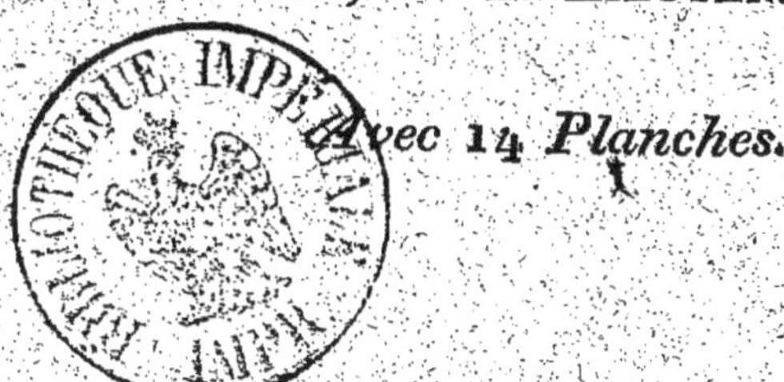

Avec 14 Planches.

1810.

TABLE DES MATIÈRES

CONTENUES DANS CET OUVRAGE.

CHAPITRE PREMIER.

CHAPITRE II.

FIN DE LA TABLE.

LEÇONS

DE PRATIQUE.

LES inſtrumens dont on ſe ſert le plus communément, ſont la planchette, le graphomètre, la bouſſole, le niveau d'eau & l'équerre d'arpenteur.

L'embarras qu'entraînent une planchette & un niveau d'eau en font retrancher l'uſage; nous ferons toutes les opérations ſur le terrein avec le graphomètre, la bouſſole & le niveau d'air à demi cercle, étant non ſeulement moins embarraſſans, mais plus expéditifs.

Il eſt dans la levée des plans nombre d'opérations avec inſtrumens que l'on aſſure par le calcul trigonométrique; par ce calcul on conſtruit une carte générale des points principaux du terrein que l'on veut repréſenter.

Ces points ainſi aſſurés, d'après l'échelle deſtinée au rapport du détail, ſe nomment cannevas du plan que l'on ſe propoſe de conſtruire ; c'eſt ſur ce cannevas , ou plan général de poſition, que l'on attache les détails du terrein qui lient ces points principaux , & compoſent le plan topographique. Pour abréger ces opérations , j'ai joint à cet ouvrage une table calculée, ſur une baſe de 100 toiſes, de toutes les tangentes des angles depuis une minute juſqu'à quatre-vingt-dix degrés ; on évitera par ce moyen beaucoup de calculs dans la pratique , ce qui ſe verra clairement dans le cours de ces leçons.

Lever la carte d'une province , d'un terrier , le plan d'une ville , d'un château & de ſes dépendances , c'eſt repréſenter en petit, ſur le papier , la figure qu'il a en grand.

L'habileté dans ce genre de travail conſiſte à approcher de la vérité le plus près qu'il eſt poſſible , & l'on n'acquiert cette habileté qu'à force de pratique; elle apprend à ſurmonter toutes les difficultés qui ſe préſentent à chaque pas ſur le terrein, à les éviter ou à les diminuer.

Il eſt preſque impoſſible de faire le plan d'un terrein chargé de petits objets exactement proportionnel au terrein ; tel foin qu'on y apporte, nombre d'obftacles s'y oppofent : j'en rapporterai quelques-uns qui prouveront ce que j'avance.

Lorfqu'on fait le cannevas des points principaux d'un pays, on fe régle fur l'aiguille d'un clocher, fur l'angle d'une tour, fur le fommet d'un arbre, fur la guérite d'un angle de baftion, fur la girouette d'une maifon, ou fur de grandes perches qu'on fait pofer fur un arbre, fur une tour, &c. On remarque que prefque tous ces points auxquels on attache les différens objets, font très-rarement, ou pour mieux dire, ne font jamais au véritable lieu où on les fuppofe, il fe trouve toujours quelques différences caufées par la vétufté d'un bâtiment ou l'inclinaifon d'un mur ; on trouve quelquefois les extrémités des flé-ches éloignées de quelques pieds du point perpendiculaire où elles devróient répon-dre. Ces obfervations, de peu de confé-quence dans une carte générale, devien-nent effentielles dans un plan topographi-que où ces points généraux donnent & fixent tous les autres points ; c'eft une raifon pour laquelle on ne peut gueres s'affurer de la hauteur d'un objet par l'ombre du foleil.

Il eſt mille petits inconvéniens de cette eſpece auxquels il faut faire attention, autrement on ne réuſſit pas à faire un plan juſte.

On doit encore obſerver que toutes les opérations que l'on fait pratiquer dans ce cours avec un cordeau, n'ont pas la même exactitude que ſi elles étoient faites avec des inſtrumens, parce que le cordeau n'a jamais une longueur déterminée, qu'elle dépend toujours de la maniere dont il eſt tendu par celui qui fait l'opération.

On doit auſſi tenir le cordeau le plus tendu qu'il eſt poſſible. Ainſi on voit que pour opérer juſte, il faut toujours donner la préférence aux inſtrumens, & ne ſe ſervir de cordeau & d'équerre qu'à leur défaut, ou lorſque les erreurs cauſées par le cordeau ne ſeroient pas d'aſſez grande conſéquence pour y faire attention.

Lorſqu'on ſait parfaitement les élémens de Géométrie, il eſt facile de lever des plans, mais très-difficile, ſans beaucoup de pratique, de bien lever : quoiqu'à la guerre on ne demande pas cette grande exactitude, elle eſt cependant néceſſaire dans bien des circonſtances ; d'ailleurs lorſqu'on s'eſt habitué à être exact dans ſes opérations,

& à examiner la nature , on a beaucoup plus de facilité dans l'exécution des ouvrages que l'on entreprend , & qui demandent à la guerre plus de promptitude que de justesse , dont on n'est susceptible que suivant le tems & les circonstances.

L'objet principal d'un Officier qui veut apprendre parfaitement l'art de la guerre , c'est la levée des plans , c'est d'apprendre à reconnoître un pays , soit pour un fourage , pour une marche , pour un camp , un cantonnement, la défense d'une riviere , ou tels autres projets de guerre , &c. De savoir lever à pied , en mesurant au pas ou à cheval par estimation ; il ne peut avantageusement le faire s'il ne s'est plié ou livré de bonne heure au détail avec le plus grand scrupule. Il est des cas à la guerre où il en a absolument besoin , & il est nombre d'occasions dans la vie civile où il peut employer utilement son savoir pour son intérêt particulier.

Il est d'autres opérations de détail qui pourroient faire partie de ces leçons, mais qui ne serviroient qu'à les étendre inutilement. Je suis persuadé qu'un Officier qui sera instruit de celles qui composent ce cours , sera en état de les imaginer , d'en

compoſer d'autres ſuivant les circonſtances, en abrégeant celles qu'il peut connoître , ſuivant les différens terreins qu'il
rencontrera.

compofer d'autres fuivant les circonftances, en abrégeant celles qu'il peut connoître , fuivant les différens terreins qu'il
rencontrera.

INSTRUCTION

INSTRUCTION

MILITAIRE,

OU

PARTIE DE LA SCIENCE

DE L'OFFICIER.

CHAPITRE PREMIER.

Des instrumens & ustensiles nécessaires aux opérations de pratique sur le terrein.

EN tems de paix, dans les villes, soit pour lever la fortification ou un plan particulier, on doit faire usage d'une double toise pour mesurer ; on opére plus exactement qu'avec un cordeau ou une chaîne ; cette double toise est faite de cœur de chêne, de l'épaisseur d'un

A

pouce fur un pouce & demi de largeur ; on marque le milieu avec un clou, & les pieds de differentes manieres ; on fe munit auffi d'un pied-de-roi pour les petites mefures. A la guerre on peut fe fervir d'une chaîne de quatre toifes, ou d'un cordeau de longueur arbitraire : on divife ce cordeau de même que la chaîne, par des marques particulieres. Comme le cordeau s'étend ou fe refferre, fuivant l'humidité ou la fécherefle qu'il éprouve, il n'eft pas fi jufte qu'une double toife & une chaîne, mais il a l'avantage d'être moins embarraffant & plus expéditif.

Lorfqu'on travaille fur le terrein en tems de paix, il faut être pourvu d'une douzaine de jalons bien droits, de la hauteur de fix pieds, garnis d'une pointe de fer pour s'enfoncer plus facilement en terre & fe foutenir contre le vent, qui, fans cette précaution peut les jetter bas. Il faut en avoir quelques-uns de plus grands, foit pour marquer l'extrémité des bafes ou pour fervir dans les terreins bas : on fe pourvoit auffi de dix piquets de fer de deux pieds pour marquer la quantité de chaînes ou de double toifes. Dans les grands mefurages, celui qui marche à la tête en laiffe un à chaque mefure, & celui qui fuit les ramaffe. Dans les petits mefurages que l'on veut faire avec la derniere exactitude, on marque fur le terrein une ligne à l'extrémité de la toife, foit avec un couteau ou la pointe d'un piquet ; lorfqu'il s'agit de mefurer une bafe, il faut toujours la mefurer deux fois plutôt qu'une, afin de s'affurer de fon exactitude, de laquelle fouvent dépendent toutes les opérations d'une carte ; car s'il y avoit de l'erreur, on feroit obligé de recommencer le plan.

Le graphomètre ou demi-cercle de huit pouces de diamètre eft d'une grandeur convenable pour pouvoir déterminer dans la pratique ordinaire tous les angles, même par minutes, avec un peu d'attention. L'effentiel eft qu'il foit bien divifé, que les deux pinulles de l'alidade mobile foient au moins un pouce plus hautes que celles qui font attachées au demi-cercle ; qu'elles foient affez élevées pour que, s'il fe trouve des terreins hauts ou bas, on ne foit point obligé de pencher le demi-cercle, ce qui induit à erreur. Il doit toujours être pofé horizontalement. Il y a des Graphomètres dont l'alidade mobile eft élevée fur un pivot de deux pouces ou environ, & fe meut verticalement pendant que la divifion des degrés & minutes fe meut fur le plan horizontal du demi-cercle : ceux-là font préférables, parce que les angles pris

fur des lieux hauts ou bas fe trouvent réduits au plan de l'obfervateur.

Quant à la bouffole, pour qu'elle foit
bonne, il la faut d'une certaine grandeur,
afin qu'on puiffe diftinctement déterminer
un quart de degré. Six pouces de diamètre fuffifent pour cet effet. Il n'eft guères
poffible d'avoir à la bouffole une divifion
plus jufte, parce que le moindre air agite
l'aiguille, & il faut fouvent attendre long-
tems avant qu'elle foit fixée, ce qui eft
un des inconvéniens auxquels cet inftrument eft fujet ; mais auffi il eft le plus
expéditif pour l'armée. Il eft des terreins
où il eft impoffible de s'en fervir, à caufe
des variations que quelques mines ferru-
gineufes lui font éprouver. Il faut avoir
attention dans les camps de ne pas s'approcher des faifceaux d'armes. On s'en fert
peu dans les villes, à caufe des grilles ou
barres de fer que l'on rencontre.

Lorfqu'on léve en campagne, il faut
en éloigner les épées & les autres inftrumens de fer ou d'acier, qui lui cauferoient
furement quelques derangemens, à fuppo-
fer l'aiguille bonne & bien aimantée.

Lorfqu'on léve avec le graphomètre, la
bouffole ne fert qu'à orienter le plan.

Le niveau d'air à demi-cercle, eft un
tuyau de cuivre d'environ quinze à dix-

huit pouces, fermé aux extrémités, ouvert
par le dessus, qui laisse voir un tube de
verre bien uni qui renferme une liqueur
laissant un globule d'air qui varie suivant
l'inclinaison du tube ; cet instrument est
à pinulle & à lunette, afin d'être propre
aux petites distances comme aux grandes,
soit pour prendre des hauteurs & des
fonds dans le cours d'un nivellement.
A côté du tuyau est une lunette dont les
extrémités sont garnies par dessus de pinulles barrées horizontalement par une
soie fine ; au centre de la lunette est adap-
té un demi-cercle vertical sur lequel se
meut une alidade plate qui divise les angles par minutes. Au centre du demi-
cercle est un pivot de deux ou trois pouces, au bout duquel est attachée une lunette comme la premiere. Lorsque cet
instrument est bien fait, il est dans la
pratique, d'une grande exactitude, d'autant plus que le globule d'air ne reste pas
en place sous l'angle d'une seconde ; on
le met aisément de niveau par le moyen
d'une vis. Cet instrument une fois vérifié
ne se dérange plus, à moins qu'il ne lui
arrive quelque accident : on peut assurer
son pied verticalement avec un plomb qui
passe par le centre du pied par le moyen
d'un trou pratiqué pour cet effet. Lors-

qu'il eft pofé perpendiculairement fur le point où l'on veut opérer, on y met l'inftrument.

Pour le nivellement fimple, on n'a befoin que d'une lunette garnie de deux pinulles par-deffus à fes extrémités, & du niveau d'air. Cet inftrument eft meilleur & plus expéditif que le niveau d'eau, on peut niveller en tous tems, & on peut donner des coups de niveau à telle diftance qu'on juge à propos; facilité que ne donne pas le niveau d'eau qui a mille inconvéniens, & qui eft très-embarraffant dans des pays de rochers; & dans des plaines, il faut faire vingt ftations pour une.

On trouvera, dans l'art de lever des plans par M. Dupin, la maniere de lever à la planchette.

Lorfqu'on faura lever avec les inftrumens ci-deffus, on n'aura befoin que de parcourir les opérations à la planchette pour être affez au fait de cet inftrument, avec lequel on éprouve fouvent des difficultés, fur-tout lorfque les angles font aigus : il eft très-difficile de déterminer le point d'interfection quand la table fe dérange de quelques lignes, ce qui paroît infenfible, relativement au point du terrein d'où partent les lignes, & qui caufent des erreurs confidérables lorfque les diftances font longues. Le mauvais tems peut interrompre ce travail à tous momens; le papier, qui s'étend plus ou moins, peut encore induire en erreur, outre la difficulté de retrouver ses points justes. D'ailleurs c'est un instrument trop embarrassant à la guerre.

Comme ce cours de pratique n'a pour objet que l'étude d'un Officier qui doit se former la main au dessein, & acquérir le coup d'œil pour lever un plan à vue & par estimation, il faut qu'il s'habitue à figurer sur des brouillons, de manière que n'oubliant rien des plus petits objets, il puisse, sans retourner sur le terrein, rapporter au cabinet le plan qu'il a levé, il doit s'habituer à figurer les ravins, le contour des ruisseaux, les rivieres, les lisieres des bois, les sinuosités des chemins.

La perfection de ce travail ne s'acquiert qu'à force de pratique, elle est d'un grand secours à la guerre, & presque le seul moyen dont on fasse usage; c'est le seul travail qui puisse servir de base à l'art du coup d'œil si essentiel à un Officier Général. Comme tous les pays n'offrent pas des terreins propres à s'exercer, que le mauvais tems, l'éloignement, & mille autres obstacles empêchent de suivre ce travail autant qu'il seroit nécessaire, on fera sur un relief de cire, dans le cabinet, toutes

les opérations de pratique dont le terrein
est susceptible. On repassera les élémens de
géométrie , afin d'avoir la théorie pour
guide dans ses opérations , qui, sans son
secours, sont d'autant plus sujettes à erreur
que le terrein présente plus de difficulté.
Par-là un Officier se mettra à même de
s'exercer seul sur le terrein , & de profiter
en tems de paix des momens & des situa-
tions que les circonstances lui procure-
ront pour s'en servir utilement pendant la
guerre , ce qui doit toujours être le but
de ses études dans cette partie.

CHAPITRE II.

DES OPÉRATIONS *concernant les lignes, les angles, les perpendiculaires & les parallèles.*

ARTICLE PREMIER.

Placer un jalon verticalement sur le terrein.

Fig. 1. ON prendra le jalon entre deux doigts, à-peu-près aux deux tiers de sa hauteur, & en le lâchant, s'il est garni d'une pointe de fer, son poids l'enfoncera assez dans un terrein mou ; si le terrein est dur, on l'enfoncera le plus perpendiculairement possible. Avec un plomb au bout d'une ficelle qu'on posera le long du jalon, on verra s'il est posé verticalement ; faute de plomb, on se reculera à deux pas du jalon, de côté & d'autre, & on jugera au coup d'œil s'il est bien droit.

II.

Tracer un alignement par deux points donnés, & le prolonger indéfiniment lorsque le terrein ne présente aucun obstacle.

Fig. 2. Aux deux points donnés, on

plantera deux jalons le plus verticalement qu'il fera poſſible, & dans l'alignement de ces deux jalons on en plantera autant qu'on voudra pour marquer la ligne. Il faut obſerver que pour s'aſſurer ſi le piquet eſt dans l'alignement, il faut ſe reculer du jalon de quelques pas, & alors regardant par le pied du premier jalon, on juge mieux ſi les autres ſont dans l'alignement. C'eſt ainſi qu'on aligne le front d'un camp.

Lorſque deux points ſont donnés ſur le terrein entre leſquels on veut placer pluſieurs jalons, s'ils ne ſont pas abſolument éloignés, on tendra un cordeau d'un point à l'autre bien ferme pour qu'il ne faſſe pas une courbure ſenſible, & le long de ce cordeau on plantera autant de piquets ou jalons qu'on jugera à propos, du même côté du cordeau ; en regardant par l'extrémité de la ligne, on fera rectifier ceux qui ne ſeroient pas parfaitement dans l'alignement.

Si le terrein eſt diſpoſé pour tracer quelques figures, avec la pointe d'un piquet on tracera la ligne le long du cordeau du côté oppoſé à celui où ſont plantés les jalons : on commencera par tracer légerement afin de ne pas déranger le cordeau, puis on pourra augmenter le tracé.

III.

Elever une perpendiculaire d'un point donné C sur une droite A B.

Fig. 3. Cette opération se fait avec le cordeau, en prenant à volonté une distance égale à droite & à gauche du point C, comme N C & C O, avec une longueur de cordeau plus grande que N C, & des points N & O. Avec un piquet attaché au cordeau, on décrira sur le terrein deux arcs qui se couperont au point X, & les points X & C détermineront la ligne qui sera perpendiculaire sur A B.

On est quelquefois obligé d'un point donné X, d'abaisser une perpendiculaire sur une ligne A B.

Fig. 3. Alors du point X, avec deux longueurs de cordeau égales, on fera marquer les points O N sur la ligne A B. On prendra le milieu des deux points en pliant en deux un cordeau de cette longueur, & le point C, milieu de O N, déterminera la perpendiculaire.

Fig. 4. Avec un graphomètre on fera plus promptement cette opération : on posera le diamètre du demi-cercle sur la ligne donnée A B, de maniere que le centre de l'instrument réponde au point C. Alors mettant l'alidade mobile sur 90^d, on fera placer dans l'alignement des pinules un jalon à telle distance qu'on voudra, & la ligne sera perpendiculaire.

Si on veut faire cette opération avec la bouffole, on posera cet instrument au point C. On regardera la déclinaison de l'aiguille aimantée par rapport à la ligne A B. Si on veut élever la perpendiculaire C N, la ligne C B déclinant de 30^d, on tournera l'alidade de la bouffole jufqu'à ce que la ligne N C décline de 120^d, pour que l'angle N C B foit de 90^d. Si au contraire on vouloit avoir la perpendiculaire C X, on ne prendroit qu'une déclinaison de 60^d. A l'infpection de la figure, on doit juger de la maniere de faire fur une ligne donnée tous les angles poffibles avec la bouffole en augmentant ou diminuant la déclinaifon.

Lorfque la bouffole (outre l'alidade qui fe meut verticalement) a des pinules à angles droits, elle peut fervir d'équerre, & on détermine fur le champ une perpendiculaire fans le fecours de l'aiguille aimantée.

On déterminera encore cette perpendiculaire par le moyen d'un équerre de bois, dont les côtés de l'angle droit font à-peuprès de trois ou quatre pieds, en pofant le fommet de l'angle droit au point donné C, & le côté qui forme cette angle fur la ligne donnée A B. On tendra un cordeau le long de l'autre côté de l'angle droit qui déterminera cette perpendiculaire, qu'on prolongera autant qu'on voudra. On s'en fert beaucoup dans les tracés des ouvrages fur le terrein.

I V.

Mefurer une ligne droite acceffible fur le terrein, foit que le plan du terrein foit de niveau ou incliné.

Fig. 5. Soit que l'on mefure avec une chaîne ou un cordeau, on doit avoir attention qu'elle foit toujours bien tendue & fans nœuds. Il arrive fouvent que les anneaux d'une chaîne fe nouent fi l'on n'y fait attention. Il faut que les mefureurs aient le plus grand foin de ne pas s'écarter de la ligne à droite ou à gauche; fi la ligne eft étendue, on plantera plufieurs jalons pour les guider. Celui qui marche devant fe munit de dix piquets, il en laiffe un à chaque mefure que celui qui fuit releve, & par ce moyen on ne fe trompe pas comme lorfqu'on les compte. Nous avons dit que la double toife étoit préférable à toute autre mefure.

Fig. 6. Lorfqu'on mefure un terrein en pente, on doit toujours mefurer parallèlement à l'horifon : pour lors, foit avec un piquet que l'on tient perpendiculaire, ou avec une ficelle garnie de plomb, on marque le point où répond la mesure sur le terrein. La double toise est la seule mesure exacte pour les terreins inclinés, & un seul homme, dans un terrein horizontal, suffit pour mesurer. On ne sauroit avoir trop d'attention à choisir un homme intelligent pour le mesurage, car de-là dépend toute l'exactitude d'un plan : les lignes servant de bases à plusieurs opérations, doivent être mesurées avec la plus grande justesse, & plutôt deux fois qu'une, pour plus grande sûreté.

V.

Sur une ligne donnée sur le terrein, faire un angle égal à un angle donnée sur le papier, soit en degrés, ou non.

Fig. 7. Du point A pris pour centre & d'une ouverture de compas de trois toises, on décrira l'arc B C, & on portera la corde B C sur l'échelle qu'on suppose aussi de deux toises trois pieds. Ce qui étant fait, au point M sur le terrein avec un cordeau de la longueur de trois toises attaché à un piquet planté à ce point, on décrira avec un autre piquet, attaché à l'autre extrémité, un arc indéfini X N. Du point N avec le même cordeau ou une double toise, on portera deux toises trois pieds sur cet arc qui le coupera en X, & par les points M & X on tracera les lignes ou on plantera des jalons dans l'alignement des deux points N & X, & l'angle X M N sera égal à l'angle B A C.

Fig. 8. Avec un graphomètre on posera le diamètre sur M N, observant que le centre soit exactement au point M, puis avec l'alidade mobile on ouvrira l'angle de la quantité de degrés donnée sur le papier, ou qu'on trouveroit avec le rapporteur. Par l'alignement des pinulles, on fera planter un jalon O, & l'opération sera faite. On peut prendre de même avec le graphomètre la valeur de tous les angles horizontaux donnés sur le terrein.

V I.

Déterminer la longueur d'une ligne accessible par l'une de ses extrémités, comme la largeur d'une riviere, d'un étang, la distance d'une tour, d'un clocher, de l'angle saillant d'un chemin couvert, de l'angle flanqué d'un bastion, &c.

Fig. 9. A un siége il faut opérer vivement & avec précision, soit pour déterminer les parallèles ou places d'armes, ou la distance d'une batterie à bombes à quelques ouvrages que l'on veut ruiner.

On posera le graphomètre au point A ; avec la ligne A C on fera l'angle C A B droit ; on mesurera de A en B 100 toises ; on posera un piquet verticalement au point A ; on transportera le graphomètre au point B , puis regardant sur la table, le nombre qui répond à cet angle sera la distance demandée.

Si la ligne A B ne peut être de 100 toises, on prendra sur A B une partie aliquote de 100 toises, comme 10 , 25 , 50 , &c. & prenant l'angle B on aura sur les tables une distance qui sera la tangente de l'angle B ; & dont le $\frac{1}{10}$, le $\frac{1}{4}$, ou la $\frac{1}{2}$ sera la distance demandée.

Fig. 9. On exécute ce problême avec cinq piquets ou jalons , sans le secours d'aucun instrument , avec la derniere précision , si on fait un peu d'attention & qu'on se serve de piquets bien déliés & bien droits.

On posera un jalon au point A & un au point D : sur le prolongement de A C , parfaitement alignés, on fera à volonté un angle E D A (ayant attention qu'il ne soit ni trop obtus ni trop aigu.) On fera D N & N E égales ; on plantera des jalons à ces points , puis au point d'intersection P des deux lignes A E & N C , on plantera un jalon : on mesurera les lignes E P , P A & A D , & on fera

cette

cette proportion E P moins P A : P A : :
A D : A C. Suppofant dans

$$\text{cet exemple que} \begin{cases} EP = 5^{\text{toifes}} \\ PA = 2^{t.} \ 4^{\text{pieds}} \\ AD = 4^{t.} \end{cases}$$

On dira 5^{toifes} —— $2^{t.} \ 4^{\text{pieds}}$
ou $2^{t.} \ 2^{p.} : 2^{t.} \ 4^{p.} : : 4^{t.} : A C.$

Ainfi $\dfrac{2^{t.} \ 4^{p.} \times 4^{t.}}{2^{t.} \ 2^{p.}} = 4^{t.} \ 3^{p.} \ \frac{3}{7} = A C.$

Fig. 10. Pour faire cette opération avec
la bouffole, on déclinera la ligne à mefurer A C ; on cherchera une ligne A B,
qui décline du complément de l'angle D,
& la ligne A B fera perpendiculaire fur
A C. On mefurera 100 toifes fur la ligne
A B ou une de fes parties aliquottes fi le
terrein ou l'ennemi ne permet pas de s'é-
tendre à 100 toifes. On déclinera au point
B la ligne B C, ajoutant cette déclinaifon avec celle de A B, & retranchant la
fomme de 180ᵈ. on aura l'angle A B C
qui donnera fur les tables la longueur A C,
en prenant la partie de cette longueur fuivant que la bafe eft partie de 100 toifes.

Si la bafe A B n'étoit pas une partie
aliquotte de 100 toifes, pour avoir la longueur A C, on feroit cette proportion :

B

100 toises bafe eft à la longueur trouvée dans la table, comme le nombre des toifes de la bafe mefurée eft à la longueur que doit donner cette bafe. Les trois premiers termes font connus, donc le quatrieme le fera auffi. On trouvera tout de fuite, *Fig.* 9, fur le terrein la longueur de ligne A C, en prolongeant cette ligne de A en M indéfinie, on fera au point B l'angle A B D = A B C. Au point D d'interfection, on fera planter un jalon, & la ligne A D fera égale à la diftance inacceffible A C. *Fig.* 11. Si le terrein ne permet pas de s'étendre jufqu'en D, on prendra du point B fur A B une diftance B X, à volonté. Au point X, on élevera une perpendiculaire indéfinie ; au point N d'interfection, du côté de l'angle & de la perpendicule, on fera planter un jalon : on mefurera les lignes B X & X N, & on fera cette proportion B X : B A : : X N : Y, & la valeur d'Y fera la longueur de A D.

V I I.

Déterminer fur une même bafe les diftances A X, A Y, & A Z fituées en lignes droites.

Fig. 12. On fera au point A un angle droit n. On mefurera A B de 100 toifes, & prenant au point B les angles 1, 2, 3, la valeur de ces angles donnera ſur la table la longueur des diſtances AX, AY & AZ, &c.

Fig. 13. Dans de longues diſtances, il eſt bon de s'aſſurer de l'exactitude de ſes opérations, ſurtout lorſque ces diſtances ſervent de baſes pour attacher d'autres opérations; pour s'aſſurer de celle-ci, on prolongera B A en D d'une quantité égale à A B. On fera au point D un angle égal à l'angle 3, & le rayon viſuel doit rencontrer le point Z. Si on eut fait l'angle D égal à l'angle 2, le rayon viſuel auroit rencontré le point Y, &c.

Si le terrein ne permet pas de s'étendre de B en D, on prendra ſur A B une diſtance B E, moitié de A B, & prenant l'angle 4, la table donnera une longueur double de A X, &c.

On voit encore que ſi on prend B F = A B, & que l'on prenne l'angle M, cet angle donnera ſur la table la moitié de la longueur A Z, &c.

Cette opération peut ſervir à vérifier la la bonté d'un graphomètre.

On peut négliger dans la pratique une petite erreur de lignes ou de pouces que les calculs ne donnent jamais juſtes ſur de longues diſtances, & qui deviennent inſenſibles dans la pratique ordinaire.

B ij

VIII.

D'un point donné sur le terrein, mener une pa-
rallele à une ligne accessible.

Fig. 14. On plantera un piquet au point
M, puis avec un cordeau d'une longueur
arbitraire M N, on décrira l'arc N D
indéfini ; du point N avec la même longueur on décrira l'arc E M ; on prendra
la corde qu'on portera de N en D, & le
point D déterminera la ligne M D, qui
fera parallele à la ligne E N.

Avec un graphomètre, on mesure l'angle
E N M ; on fait au point M un angle
égal N M D, & la ligne fera encore parallele, ou on abaissera deux perpendiculaires M C & N D égales, & la ligne qui
passera par les extrémités de ces deux perpendiculaires fera la parallele.

Fig. 15. Avec la boussole, cette opération est plus simple. On prend la déclinaison de la ligne C N ; on se met au point
donné M, & on tourne la boussole jusqu'à
ce qu'il se trouve une déclinaison égale à
celle de C N, & la ligne M D fera encore parallele.

IX.

Tracer sur le terrein le trait magistral d'une re-
doute, ou autres fortifications de campagne
dont la figure est donnée sur le papier, & la
position de la gorge sur le terrein.

Fig. 16. Soit donné trente toises sur le
papier pour la gorge de la redoute, on
prendra sur A B une longueur A D de 15
toises pour la demi-gorge, on élevera du
point D sur A B la perpendiculaire D F
qui sera la capitale; si la figure du papier
donne 15 toises à cette capitale, on donnera à D F la longueur de 15 toises; on
tirera F A & F B qui seront les faces. Si
on la veut faire à flanc, on prendra
sur la demi-gorge 7 toises de A en C, &
de B en G 10 toises, où on élevera les perpendiculaires C H & G L qui seront les
flancs.

Fig. 17. Si on a une ligne A B sur laquelle on veut établir un ouvrage à cremailler.

Au point R on élevera une perpendiculaire indéfinie; on portera 15 toises de
R en M, puis 12 toises de R en X; par
les points M & X, on tendra un cordeau &
on fera tracer les deux faces du rédans.

De X en V on fera mesurer 30 toi-
ses; aux points V....... on élevera les per-

pendiculaires V N... de 7 toiſes ; on meſurera enſuite les diſtances T V de 5 toiſes,
& par les points T N X, auxquels on aura
fait planter des piquets, on tendra un cordeau, & on fera tracer le long du cordeau
le trait magiſtral. On continueroit de même
ſi l'ouvrage étoit plus étendu.

X.

Une ligne étant donnée ſur le terrein pour trait
magiſtral d'un retranchement, mener à cette
ligne toutes les paralleles qui expriment les
largeurs & les talus de la banquette du
parapet & du foſſé dont les meſures ſont données
ſur le papier.

Fig. 28. On ſe ſert pour cet effet d'un
équerre de bois : on placera un des côtés
de l'équerre ſur A B ; au point A & le
long de l'autre côté, on tendra ferme un
cordeau bien aligné. Sur ce cordeau
on marquera avec des piquets les diſtances
données ſur le papier ; on tranſportera
l'équerre au point B, & on fera la même
choſe. Après quoi on tendra un cordeau
entre les points n o, m p, L Q, &c. &
à toutes les lignes dont les diſtances ſont
marquées, on fera tracer le long du cordeau, avec un piquet ou une pioche, ſelon
la ténacité du terrein, toutes les lignes
données ſur le papier.

C'est ainsi qu'on peut tracer les allées ou plattes-bandes d'un jardin, les rangs d'arbres, &c.

XI.

Mesurer un angle inaccessible, comme l'angle flanqué d'un bastion; étant placé au-dehors.

Fig. 19. Avec un graphomètre on se mettra aux points D & E, puis sur le prolongement des côtés de l'angle, on prendra les angles 1 & 2, & le supplément donnera l'angle cherché.

Fig. 20. Si l'angle est obtus & que les prolongemens tombent dans des terreins inaccessibles ou impraticables, alors on prendra une base D M que l'on mesurera exactement; aux points D & M avec le graphomètre ou la boussole, on prendra les angles 1, 2, 3, 4, 5, 6, formés par la base & les rayons visuels jettés aux angles de l'épaule du bastion, ou à deux points pris sur les faces; on rapportera ensuite cette figure sur le papier avec une échelle, & avec le rapporteur on mesurera l'angle A C B. On peut aussi faire une figure semblable sur le terrein, en prenant une base à volonté qui donnera l'angle; on peut encore calculer la figure par la trigonométrie, & l'angle sera trouvé plus exactement en prenant une mesure à volonté

pour baſe, ſi on n'a pas beſoin des diſtances.

Fig. 19. Le premier cas de ce problême
peut ſe réſoudre aiſément avec la bouſſole;
car, prenant du même côté de l'aiguille
aimantée, la déclinaiſon des prolongemens
des côtés de l'angle flanqué, le ſupplé-
ment de la différence de ces déclinaiſons
donnera la valeur de l'angle cherché.

Fig. 21. On peut par ce moyen déterminer la capitale A B d'un baſtion, ajoutant à la différence des angles X & Y la
moitié de l'angle flanqué; on aura 124
degrés pour l'angle M C A, la ligne décline de 98^d à gauche, ainſi déclinant à
droite de l'aiguille aimantée de 26^d, ce ſera
la capitale.

Alors en tâtonnant un peu on ſe ſera
bientôt mis ſur un des points de cette
capitale; c'eſt le plus court moyen lorſqu'on ne peut voir les angles flanqués
des ouvrages conſtruits ſur la capitale d'un
baſtion, ſoit qu'ils ſoient détruits ou qu'il
n'y en ait qu'un.

Cette opération ſe détermine à telle
diſtance que l'on ſoit d'un baſtion, pourvu
toutefois qu'on puiſſe l'appercevoir, &
on ne fait aucun meſurage.

Comme les capitales des ouvrages ſervent de guide dans un ſiége pour diriger

les travaux de l'attaque , on pourra après déterminer toutes les distances dont on aura besoin.

Toutes les opérations d'un siége sont aussi essentielles à connoître pour l'Officier que pour l'Ingénieur. Souvent on choisit des Officiers instruits pour suppléer aux Ingénieurs lorsqu'il en manque ; nous en avons eu des exemples dans toutes les guerres passées. Il se trouve des postes qu'un Capitaine peut occuper , & il est obligé d'en tirer tout le parti possible pour s'y défendre sans le secours d'un Ingénieur. On ne met pas ordinairement à la tête d'un détachement ou d'un parti qui va attaquer , un Ingénieur pour le guider ; si le Commandant de ce détachement est instruit de l'attaque & de la défense , il trouvera des ressources pour réussir , qu'un autre sans ce secours ne trouveroit pas. Il perdra alors moins de Soldats, risquera moins lui-même, étant d'avance assuré des moyens qu'il peut employer.

Toutes les opérations d'un siége se lient sur des objets dont il faut connoître exactement les distances. On ne doit étudier l'enchaînement des travaux qu'après s'être instruit des moyens de connoître les points auxquels ces travaux s'attachent : les connoissant bien , on a plus de facilité pour vaincre les obstacles & le danger qu'il y a toujours à faire des opérations vis-à-vis d'une place, de même dans la place pour connoître les distances des redoutes, batteries, postes ou retranchemens des ennemis.

X I I.

Déterminer la distance de deux ou plusieurs points, soit entr'eux ou à un point quelconque donné.

Fig. 22. Soient A & B les angles flanqués de deux bastions dont on veut connoître la distance, soit entr'eux, soit à un point quelconque C ou D qui peut être la position d'une batterie.

On prendra une base C D à volonté, soit dans une tranchée, ou dans un autre lieu où l'on n'ait rien à risquer des coups de fusils ; des extrémités de la base avec un graphomètre, on prendra les angles 1, 2, 3, 4, ensuite avec une échelle & un rapporteur de corne, on rapportera la figure sur le papier, & l'on portera sur l'échelle les distances trouvées dont on aura besoin pour en connoître la mesure.

Fig. 23. Pour faire cette opération avec la boussole, on marquera sur le brouillon la déclinaison de la base, on déclinera de même tous les rayons visuels, & on rapportera l'opération sur le papier comme ci-deſſus.

XIII.

Par l'opération ci-deſſus , on peut rapporter ſur une baſe tous les points d'une ville ſortifiée , inacceſſible , comme angles flanqués des baſtions , demi-lunes , chemins couverts ou tours , clo- chers, magaſins à poudre , gouvernemens , &c.

Fig. 24. Des extrémités de la baſe A B qu'on aura fait meſurer avec la plus grande exactitude , on jettera des rayons viſuels à tous les objets vus des deux extrémités. Si quelques points comme M N n'étoient pas apperçus de l'extrémité A ou B de la baſe, ou ni de l'un ni de l'autre point , on pren- dra ſur cette même baſe deux autres points comme X & Y , dont on fera meſurer la diſtance exactement , & la diſtance de l'un de ces points à une des extrémités A ou B pouvant appercevoir les deux objets M & N des deux points X Y ou B X , on jettera des rayons viſuels à ces deux objets, & on rapportera toute la figure ſur le papier.

On détermineroit de même toutes ces diſtances avec la bouſſole , comme il a été dit pour les deux points inacceſſibles.

XIV.

Mener une parallele à une ligne donnée inacces-
sible, comme seroit une courtine, la face d'un
bastion ou un mur.

On cherchera par le probléme 12, la
ligne A B, (*fig.* 22) puis après l'avoir rapportée sur le papier, il sera facile de voir de
combien les angles m & n, différent l'un
de l'autre : alors connoissant la différence,
on fera sur le terrein l'angle B D X égal
à l'angle A B D. Si on a une boussole,
on fera au point D ou à tel autre point
donné, une ligne D X, qui décline de la
même quantité de degrés que la ligne à
laquelle on se propose de mener une parallele.

Fig. 19. Lorsqu'on peut se mettre sur le
prolongement de la face d'un bastion ou
d'une ligne quelconque, il est facile d'un
point donné M, hors cette ligne, de lui
mener une parallele; pour cet effet à un point
D pris à volonté sur le prolongement B C,
on posera le graphomètre, on prendra
l'angle B D M; on transportera ensuite le
graphomètre au point M, laissant un jalon
au point D, on fera l'angle NMX = BDM,
& la ligne M N sera parallele.

Si on vouloit mener des paralleles à des
murs, soit pour tracer ou construire quel-

que chofe fur le bord d'un foffé, & qu'on ne pût approcher des murs, on leveroit exactement tous les angles ; on les rapporteroit fur le papier ; on verroit fur ce papier quelles font les opérations qu'on doit faire fur le terrein pour déterminer ces paralleles : on feroit enfuite une figure femblable fur le terrein, fuivant que la pofition le pourroit permettre. On eft quelquefois obligé de fe fervir d'opérations compofées, lorfque le terrein ne permet pas de fe fervir des moyens les plus fimples. Si le terrein le permet, on peut, fans rapporter ces opérations fur le papier, déterminer la parallele fur le terrein, (*fig. 25.*) foit en fe fervant de la bouffole ou du graphomètre. On prendra fur la ligne D C, à un point quelconque D ou C, une diftance C V pour bafe ; on fera fur cette bafe une figure C V R S femblable à la grande C D A B en-dedans de l'opération, en faifant au point V l'angle 1 égal l'angle n, l'angle z égal l'angle y. On plantera un jalon fur la ligne B C dans le prolongement de l'alidade mouvante qui mefure l'angle 1 au point S.

On fera de même au point R fur la ligne A C, & les deux points R S détermineront la parallele ; prenant enfuite l'angle S R V , on fera fur A D au point D

un angle F D X, égale l'angle V R S; &
la ligne sera parallele. Si on opéroit sur
un terrein qui ne permît pas cette opération en dedans de cette maniere, on la
sera en-dehors.

Fig. 27. On prendra sur D C une
distance D R à volonté ; on sera au point
D les angles alternes 2 & 4 égaux ; au
point R on sera les angles alternes 1 &
3 égaux, & aux points d'intersection M N
on sera planter deux jalons ; on prendra
l'angle M N D, & au point D avec N D
on sera l'angle X D N === D N M &
D X sera parallele à A B. Si les points M N
tombent dans un lieu inaccessible on sera
la ligne D R plus courte.

Par ce problême on peut diriger vers
une ligne inaccessible d'un point donné,
une perpendiculaire, ou une oblique de
telle quantité de degrés qu'on voudra.

X V.

Connoissant la distance de deux points inacces-
bles, & la déclinaison de l'aiguille aimantée
avec la ligne qui passeroit par ces deux points,
déterminer avec la boussole d'un point X quel-
conque, dans la campagne, à quelle distance ce
ce point est des deux premiers.

Fig. 28. On posera la boussole au point
X, & dirigeant l'alidade au point A, on
marquera sur le brouillon la déclinaison de

cette ligne ; on fera la même chofe en fe
dirigeant fur le point B pour avoir fa déclinaifon. (Il faut bien obferver le côté de
la ligne où fe trouve l'aiguille aimantée
pour ne pas marquer la déclinaifon d'un
côté pour l'autre,) on rapportera enfuite
l'opération fur le papier, comme nous avons
dit ci-devant.

On peut auffi rapporter ce triangle par
le calcul, ce qui fe fait lorfque les lignes
font très-longues, & que l'échelle du plan
eft auffi trop grande ; car on peut connoître
les angles du triangle par le moyen des
déclinaifons, & comme on connoît un
côté A B, on connoîtra auffi les deux
autres côtés A X, B X, &c.

Remarquez que l'aiguille aimantée formant toujours des paralleles, il eft aifé, foit
par les fupplémens, foit par les angles alternes, de déterminer les angles du triangle.

Fig. 28. Soit le triangle A B X, je fuppofe que la ligne A B décline du nord de
88^d ; la ligne A X décline du même côté
de 30^d ; les angles 1 & 2 font alternes &
égaux ; l'angle 3 étant de 88^d ; l'angle 4,
comme fupplément, vaudra 92^d, qui, ajou-
tés avec l'angle de 30^d, donne 122^d pour
l'angle B A X ; la ligne B X décline de 66^d,
donc, de 66^d ôtéz 30, refte 36. Pour l'angle
A X B, ajoutez 36 & 122, on aura 158, qui

ôtés de 180^d, refte 22^d pour l'angle A B X.

Il fuit de-là, que lorfqu'on décline deux lignes du point X fur A & fur B, dont la diftance eft connue, c'eft la même chofe que fi on faifoit deux ftations aux points A & B pour décliner les lignes qui vont de ces points au point X. Il eft plus facile d'appercevoir d'un point donné dans la campagne les extrémités de deux clochers que d'iceux appercevoir ce point, qui peut n'être pas fenfiblement remarquable à une longue diftance. D'ailleurs, foit qu'on ait befoin de la diftance de plufieurs points autour d'une place, relativement à quelque objet attaché à cette place, foit qu'on veuille avoir la longueur d'une ligne qu'on ne peut mefurer à caufe du feu de l'ennemi, on peut faire cette opération à couvert, derrière un épaulement ou dans une tranchée ; car, dans ce cas, on fe dirige fur la pointe d'un clocher, le fommet d'une guérite, d'une tour, ou de tel autre objet dont il faut connoître les diftances, & d'où l'ennemi ne peut vous inquiéter.

Un des premiers foins des Ingénieurs qui ont des travaux à diriger vers un objet, c'eft de fe pourvoir d'une carte, des dif-tances refpectives de tous les points prin-cipaux de cet objet, parce qu'enfuite à tels points qu'ils fe trouvent, ils peuvent fur le

champ

champ en déterminer les diftances ; fans ce
fecours on n'avance qu'en tâtant ; il arrive
quelquefois qu'on s'écarte de fon objet en
traçant la nuit. Des travailleurs peuvent ne
pas fuivre exactement ce qui leur eft pref-
crit : alors, de jour, par une fimple opération, on voit de combien on s'eft écarté,
& on fe rapproche plus facilement.

Dans la levée des plans on fé fert avan-
tageufement de cette opération ; on évite
par ce moyen plufieurs mefurages, dans l'un
defquels il fuffit de s'être trompé pour être
obligé de recommencer le tout.

Fig. 29 & 30. Si on a le cours d'une
riviere qui ait beaucoup de finuofités ,
un ruiffeau , un chemin , ou tel autre
partie que ce foit, on plantera deux grands
jalons , au bout defquels fera une remarque de papier ou de carton ; l'un fera marqué fur le papier par A & l'autre par B.
On en fera mefurer exactement la diftance,
puis à tous les points C on pofera la bouffole, & on dirigera deux rayons vers A &
B , dont on marquera la déclinaifon fur le
brouillon, pour ne pas prolonger ces rayons
jufqu'en A & B , ce qui feroit une profu-
fion de lignes fur le brouillon , qui pourroit induire à erreur , ou embarraffer la
figure. On fe contentera de tirer ces lignes
d'une longueur néceffaire pour qu'elles

C

foient diftinctes, & on mettra au bout de chaque ligne la lettre fur laquelle elle fera dirigée.

Si la riviere fait un coude comme au point E , alors la direction d'un point E pourroit fe trouver dans l'alignement de A B. Pour obvier à des angles trop aigus, on change de bafe : on mefurera la dif-tance de A en D ; on la déclinera , puis à tous les points E on opérera de la même maniere qu'aux points C.

Si on fe trouve fur un terrein autour duquel il y ait beaucoup de petits objets , comme feroient un ruiffeau d'un côté & un chemin de l'autre , trois points comme A B D fuffifent pour appuyer tous ces dé-tails. Ces trois points doivent être diftin-gués & difpofés de maniere qu'on puiffe toujours en prendre deux du point d'obfer-vation : on évitera, autant qu'on pourra, des angles trop aigus ou trop obtus ; en mefurant un côté & déclinant les deux au-tres, on connoît les trois côtés; mais il eft bon pour plus de fûreté d'en mefurer deux, cela fervira de vérification. Comme de ces lignes dépendent toutes les opérations, on ne peut trop s'affurer de l'exactitude de leurs mefures, ainfi on agira à cet égard fuivant le tems qu'on peut y donner ; car à l'armée il fe trouve des cas où l'on à à peine le tems de reconnoître son terrein , & on se croit souvent heureux lorsqu'on peut lier son figurage par des opérations appuyées sur des lignes mesu-rées au pas.

La boussole est sujette à des variations qui sont sensibles d'un mois à un autre : lorsqu'on est obligé de mettrre de longs intervalles entre ses opérations, on vérifie sa premiere ligne , & on rectifie le chan-gement en rapportant sur le papier.

X V I.

Connoissant les distances de trois points , ou les trois côtés d'un triangle inaccessible , détermi-ner d'un point donné dans la campagne la distance de ce point aux trois angles du triangle.

Fig. 31. Soient les trois points A B C, dont les deux premiers sont les angles sail-lans d'une demi-lune & d'un chemin cou-vert , & le 3.me un point quelconque de la fortification ou de la ville ; que le point D soit un point sur le prolongement de la capitale A B, on prendra au point D l'an-gle 1 , retranchant cet angle de l'angle X on aura l'angle 2 ; alors, rapportant sur le papier , on fera avec la ligne A C l'angle A C D égal , à la différence des angles X & 1 , & prolongeant la capitale jusqu'à la rencontre en D , on mesurera A D sur l'échelle , & on connoîtra sa distance , de même D C ; ainsi tous les points D , pris sur le prolongement de la capitale , se détermineront par une simple observation.

Si le point D d'observation n'étoit pas dans l'alignement des deux points A & B.

Fig. 32. Du point D , on prendra les angles X & Y qu'on écrira sur un brouillon , ensuite sur un papier où sera rapporté le triangle A B C ; on fera l'angle V égal à l'angle Y , & l'angle Z égal à l'angle X , puis par le point d'intersection E & les points A & C on fera passer une circonférence , & par E & B on tirera une ligne prolongée , elle coupera la circonférence D , qui sera le point d'observation.

Fig. 33. Si le point d'observation se trouve dans le triangle , on fera l'angle V égal à l'angle Z , supplément de B D C , & l'angle Y égal à l'angle X , supplément de A D B. Par le point de section E & les deux points A & C , on fera passer une circonférence qui sera coupée en D par la ligne B E , & le point D sera le point d'observation.

Si les trois points donnés inaccessibles sont en lignes droites.

Fig. 34. On fera l'angle V = Y , & l'angle Z = X par le point E & les deux points A & C : on fera passer une circonférence qui fera coupée en D par la ligne E B prolongée , &c.

Il y a un cas où ce problême eft infoluble , c'eft celui où les quatre points fe trouvent fur la circonférence , ce qui fe connoîtra lorfque l'angle du fommet fera égal au fupplément de la fomme des angles obfervés.

X V I I.

Déterminer par le moyen d'une ligne inacceffible A B , dont on apperçoit les extrémités , & dont on connoit la longueur , l'étendue d'une autre ligne M N , acceffible feulement par fes extrémités,

Fig. 35 & 36. On prendra les angles formés par les rayons vifuels M A , M B , N A & N B avec la ligne M N à laquelle on donnera une valeur à volonté, que je fuppofe de 200 toifes : on rapportera fur le papier , avec cette ligne de 200 toifes prife fur une échelle , les angles pris aux points M & N qui donneront la ligne moindre que 800 toifes : on prolongera alors la ligne D B jufqu'en A de ce qu'il lui manque pour être égale à 800 toifes ; on prolongera auffi B N & B M indéfinies, puis par le point A on menera les paralleles A R à D N , ou A Q à D M , ce qui donnera le point R ou le point Q ; d'un

de ces points menant une parallele à M N
on aura la ligne Q R de la longueur réelle
de M N.

La conſtruction de ce problême & des
quatre précédens dépend de pluſieurs angles, de cercles, & de lignes rapportées ſur
le papier. Il eſt évident que la plus petite
erreur dans les points d'interſection en peut
cauſer une grande dans le réſultat ; ainſi
on ne peut apporter trop d'attention &
d'exactitude à ce que les régles dont on ſe
ſervira ſoient bien droites, que le rapporteur ſoit diviſé bien exactement, & les lignes faites avec la pointe d'un compas,
parce qu'on diſtingue mieux les points
d'interſection qu'avec du crayon, qui quelquefois groſſit les lignes, de maniere qu'on
peut ſe tromper d'une toiſe ſans s'en appercevoir.

Si le tems le permet, ou que les circonſtances demandent la derniere exactitude,
on ſe ſervira du calcul qu'enſeigne la trigonométrie. Ces deux méthodes peuvent
ſe ſervir mutuellement de preuves.

X V I I I.

*Continuer un alignement donné A B; au-delà d'un
obſtacle autour duquel on peut tourner.*

Fig. 37. On fera E B perpendiculaire
ſur A B, E F perpendiculaire ſur E B,

F X = E B & perpendiculaire sur E F.
Alors faisant X Y perpendiculaire sur X F,
on aura le prolongement de l'alignement
A B.

Ce problême & le précédent sont de la
plus grande utilité pour établir des bases,
les prolonger, ou en changer, suivant que
les différentes positions du terrein l'exigent.

DU NIVELLEMENT.

On fait usage, dans les opérations du
nivellement, d'une régle de 6 ou 7 pieds,
divisée en pieds, pouces & lignes; le
long de laquelle glisse à volonté un voyant.
Ce voyant est une petite planche quarrée
ou rectangle, d'environ 8 à 10 pouces,
dont une moitié est peinte en noir & l'autre en blanc. Lorsque le fil du rayon visuel rencontre le noir, on ne peut juger à
quelques lignes près, où tombe le rayon
visuel sur le voyant. Pour suppléer, à cet
inconvénient on le peint en échiquier.
(*Figure 38.*) On fait glisser cette planche le long de la régle, jusqu'à ce que
la séparation du noir au blanc rencontre la
ligne de niveau. On arrête cette planche
par le moyen d'une vis qui la serre & l'empêche de glisser : alors l'observateur marque sur son brouillon, la mesure indiquée

fur la régle. Lorfqu'on fait un nivellement, on eft pourvu de plufieurs de ces voyans.

Deux points font dits être de niveau lorf-qu'ils font également éloignés du centre de la terre ; mais une ligne qui a tous fes points également éloignés du centre de la terre, eft courbe ; auffi le vrai niveau eft une ligne courbe.

Les eaux qui ne font point agitées ren-ferment une infinité de points de vrai ni-veau : on apperçoit cette courbure dans un tems calme, fur le bord de la mer, lors de l'arrivée d'un vaiffeau.

On nomme ligne de niveau apparent, une ligne B D (*fig. 39.*) tangente au cercle de la terre, par conféquent perpen-diculaire au diamètre A A ; ces extrémités B & D ne font pas également éloignées du centre de la terre. Comme le point C eft de niveau avec le point D, étant à égale diftance du centre, on voit qu'il s'en faut toute la ligne B C, que le point C foit de vrai niveau avec le point D ; auffi cette ligne B C fe nomme différence du niveau appa-rent au-deffus du vrai. Quand une ligne de niveau apparent B D ne dépaffe pas 100 toifes ou 150 toifes, la différence du niveau apparent au-deffus du vrai eft fi petite, à caufe de la grandeur de la cir-conférence de la terre, dont la courbure

eſt inſenſible à cette diſtance, qu'on né-
glige cette différence dans la pratique. La
table de hauſſemens du niveau apparent
au-deſſus du vrai, qui ſuit, indiquera cette
différence.

Fig. 40. Il ſuit de ces définitions, que,
ſi au-deſſus du point A on ajoute la différence du vrai niveau au niveau apparent,
on aura le point C de vrai niveau avec le
point D; & ſi au contraire, à l'extrémité
de la ligne A D, on retranche cette différence, on aura le point F de vrai niveau
avec le point A.

D'où l'on déduit cette régle générale,
qu'en montant il faut ajouter la différence
du vrai niveau au niveau apparent, au point
d'où l'on part, & en deſcendant, il faut le
retrancher à l'extrémité de la ligne.

Le nivellement eſt ſimple, moyen ou
compoſé. Simple lorſqu'on peu trouver
deux points de niveau par une ſeule opération, c'eſt-à-dire lorſque la diſtance de
ces deux points n'excéde pas 100 toiſes.

Moyen, lorſque la diſtance entre les
deux points eſt plus grande que 100
toiſes; alors on place l'inſtrument entre
les deux points, & par cette ſeule ſtation
on trouve les points de niveau.

Compoſé, lorſqu'il faut faire pluſieurs

opérations , & par conséquent plusieurs stations.

Le nivellement est composé de deux termes. Le premier terme est celui d'où l'on part , & le second est celui où l'on finit.

On remarque qu'un objet, qui, avant le soleil levé , aura paru un peu au-dessus du niveau , paroîtra au-dessous après le lever du soleil, & que les objets éloignés paroissent se hausser considérablement après le coucher. La cause de ces apparences est , selon M. Picard , la fraicheur de la nuit qui condense les vapeurs ; ainsi n'opérant que lorsque le soleil a fait monter ces mêmes vapeurs aux lieux élevés , on n'éprouvera point de réfraction , qui ne devient d'ailleurs sensible que dans une grande distance.

X I X.

Fig. 41. Étant donné une distance de 600 toises , trouver, sans le secours de la table , quelle est la distance du vrai niveau au niveau apparent. Pour cet effet on posera le niveau d'air au point A ; le rayon visuel répondant au point B du voyant, on transportera le niveau au point B, d'où on fera partir un rayon visuel vers le piquet A , ayant attention que la ligne de niveau

réponde parfaitement au point B du voyant,
le rayon visuel partant de B rencontrera le
voyant au point C, & C A sera double de
la différence du vrai niveau.

Il suit delà que pour avoir deux points
de vrai niveau, on portera la moitié de
C A de B en E, & les points A & E seront de vrai niveau. Si le rayon visuel A B
rencontroit le voyant au point B, à 6 ou 7
pieds de hauteur ; comme la hauteur de
l'inftrument n'eft que d'environ 4 pieds, on
marqueroit fur fon brouillon la diftance du
point B au rayon visuel du niveau, & on
auroit égard à cette diminution fur la hauteur du point A du premier terme.

Toutes les fois qu'on voudra avoir deux
points dans un parfait niveau, & qu'on ne
pourra faire le nivellement moyen, on
opérera de cette maniere, ainfi que pour
avoir la différence de hauteur de deux
points fans faire attention à leur diftance.

X X.

*Prendre la différence de hauteur de deux points,
en fuppofant qu'on puiffe faire cette opération
par le nivellement moyen.*

Fig. 42. Soient les points A & B donnés fur le terrein à une diftance quelconque, on pofera le niveau d'air au point S,
à-peu-près à égale diftance des points A &

B ; regardant par la lunette vers le point
B , on fera fixer le voyant au point N
du rayon viſuel ; retournant la lunette vers
le point A, l'inſtrument ne bougeant pas ,
on fera de même marquer le point F. Si
un voyant ſe trouvoit trop court , on en
feroit gliſſer un ſecond le long du premier ;
on marquera ſur un brouillon les hauteurs
trouvées , & il ſera facile d'en trouver la
différence. Toutes les fois qu'on pourra
conduire un nivellement par cette opération , on lui donnera la préférence ſur les
autres , elle eſt moins ſujette à erreur ; les
deux extrémités de la ligne ſont également
éloignées du centre de la terre, & par
conſéquent la réduction au vrai niveau n'a
pas lieu, ſi toutefois le point S eſt à égale
diſtance des points A & B ou à-peu-près.
Si la différence étoit trop grande, il faudroit y avoir égard, en élevant une perpendiculaire ſur A B au point S, & faiſant
M S de 100 toiſes, ou d'une partie aliquote,
les angles X & Y pris au point M donneront les diſtances A S & S B , & par une
ſouſtraction on trouvera la différence.

XXI.

Placer plusieurs points de hauteur dans une mê-
me ligne droite, de niveau, ou inclinée à l'ho-
rison, dont on a les extrémités données par deux
points A B.

Fig. 43. On fait cette opération de
différentes manieres, suivant la distance de
ces points : si c'est pour guider entre deux
profils, des travailleurs qui construiroient
une batterie, un épaulement, un parapet
ou autres ouvrages quelconques, un cordeau bien tendu d'un profil à un autre
suffit ; si la ligne A B doit être de niveau,
pour s'en assurer on se servira de l'équerre
& d'un plomb ; si la ligne A B (*fig. 44.*)
est inclinée, entre les extrémités de cette
ligne, on plantera plusieurs piquets dans
l'alignement, & on les enfoncera peu-à-peu
jusqu'à ce que l'observateur, qui restera à
une extrémité de la ligne en regardant par
les deux points, ait fait le signal convenu,
qu'ils sont bien.

XXII.

Placer plusieurs points de hauteur dans une même
ligne de niveau, dont la position est fixée par
un point de hauteur donné sur le terrein.

Fig. 45. On prendra un niveau d'air,
& l'ayant dirigé sur l'alignement, de ma-

niere que le globule d'air foit au centre du tube, tous les points qui feront dans cet alignement feront de niveau ; fi le point eft plus haut ou plus bas que l'inftrument, on portera la même mefure également au-deffus & au-deffous de la ligne de niveau, & la ligne qui pafferoit par ces points feroit parallèle à la ligne de niveau.

X X I I I.

Placer plufieurs points de hauteur dans un même plan de niveau, dont la pofition eft donnée fur le terrein par trois points qui ne feroient pas en ligne droite.

Fig. 46. Soient donnés les trois points A B C dans le plan A X M B. Au point N pris dans l'alignement des lignes B X & A C, on plantera un piquet que l'on enfoncera jufqu'à ce qu'il foit de niveau avec les points A & C, puis par les point B & N on déterminera de même la hauteur du point X : on prolongera enfuite la ligne A C jufqu'en O dans l'alignement B M ; on déterminera de même la hauteur du point O par A C, & la hauteur du point M par B O. Ainfi prenant toujours deux points, on déterminera dans un plan tous les points de hauteur qu'on jugera à propos.

On fera cette opération plus fimplement en fe fervant du niveau d'air à demi-cer-

cle, soit avec les pinules, si la figure ne
dépasse pas 50 toises, ou avec la lunette si
la distance est plus grande. Pour cet effet,
on abaissera du point N une perpendiculaire N Y. On posera le niveau d'air à
demi - cercle au point Y dans un parfait
niveau, & dirigeant l'alidade mouvante,
suivant l'inclinaison donnée, on fera enfoncer des piquets le long de la ligne Y E,
autant qu'on le jugera à propos, pour guider les travailleurs. Ensuite perpendiculairement à la ligne Y E d'un point quelconque N ou V, on pourra avec le niveau
faire planter des piquets dans les alignemens F N ou X V à la hauteur des points
pris sur la ligne Y E.

Si on vouloit avoir un terrein en pente
égale autour d'un même point, on pose-
roit le niveau d'air à demi-cercle sur ce
point dans un parfait niveau. On prendroit
l'inclinaison demandée avec l'alidade mouvante, & tournant l'instrument sur son
centre dans un parfait niveau, on feroit
planter des piquets suivant l'inclinaison &
l'alignement de l'alidade mouvante, & on
détermineroit par ce moyen la surface
d'un cone dont le point donné seroit le
sommet.

XXIV.

Meſurer la projection horizontale, d'une ligne droite M B inclinée, ou la diſtance horizontale, de deux extrémités XB d'un alignement, dont l'une eſt ſituée vers le haut, & l'autre vers le bas d'un terrein, en pente ou inégal.

Fig. 47. Les points B & M étant marqués par des jalons poſés verticalement, on poſera le graphomètre au point B, de maniere que le diamètre du demi-cercle ſoit aligné ſur le jalon M N ; puis faiſant ſur cet alignement l'angle droit M B A ou X B A, on meſurera de B en A 100 toiſes ; & prenant l'angle Y on trouvera ſur la table la longueur X B. Quoique le point M ſoit ſur un terrein élevé ; le graphomètre reſtant toujours horizontal, l'angle X B A eſt toujours le même, le point M étant plus ou moins élevé ; ſi le point M étoit plus élevé que l'angle vertical que peuvent donner les hauteurs de l'alidade mobile, on opérera comme il ſera expliqué pour les hauteurs, problême 25.

Fig. 48. Si le terrein a des inégalités aſſez acceſſibles pour pouvoir être meſurées avec une chaîne ou une double toiſe, qu'on préférera dans ce cas, on la tiendra le plus horizontalement poſſible, & tenant un plomb au bout d'une ficelle à

chaque

chaque extrémité de la double toise, on marquera tous les points d'où l'on doit repartir, & toutes les lignes N O horizontales seront ensemble égales à la ligne X B. On fait plus d'usage dans la pratique de cette derniere méthode que de la premiere ; cependant lorsqu'il sera essentiel d'avoir très-exactement la longueur X B, on fera usage de la premiere.

X X V.

Déterminer la hauteur A M d'une montagne, dont on connoît la projection horizontale A B supposée de 60 toises trois pieds.

Fig. 49. On posera le niveau d'air à demi-cercle au point B. Le diametre du demi-cercle étant fixé horizontalement, on prendra l'angle vertical Z, que je suppose de 18 degrés 57 minutes, dont la valeur en toises sur la table sera trouvée de 34 toises 2 pieds 0 pouces, 1 ligne, 5 primes ; & on fera cette proportion, 100 : 34 toises 2 pieds : : 60 toises 3 pieds : X M à laquelle on ajoutera la hauteur de l'instrument Y B, & on aura la hauteur A M... demandée.

X X V I.

Déterminer la distance d'un point donné à un point inaccessible, & sa hauteur au-dessus du point donné.

La distance du point donné au point

inacceſſible & élevé, n'eſt autre choſe que la projection d'une ligne inclinée qu'on trouvera par le problême 24, & ſa hauteur au-deſſus du point donné ſe trouvera par le problême 25.

XXVII.

Déterminer d'un point quelconque les diſtances & hauteurs de pluſieurs points qui ſeroient ſur la pente d'une montagne, en ſuppoſant qu'on puiſſe y planter des jalons dans un alignement droit comme M N O X.

Fig. 50. On poſera le graphomètre au point A : on fera l'angle droit X A B ; on prendra enſuite au point B les angles 1, 2, 3, 4, pour déterminer les diſtances A X, A O, &c. par le problême 24.

On déterminera enſuite les hauteurs des points M N O, en prenant les angles verticaux 1, 2, 3, 4, comme au problême 25. On aura pour cet effet des jalons, le long deſquels on peut faire mouvoir un petit carton blanc par le moyen d'un cordon, & on fixera toujours ce carton à une diſtance juſte de 2 ou 3 pieds pour n'avoir point de ſouſtractions, de fractions.

Il eſt des cas où on ne peut guères s'aſſurer de la bonté d'un profil que de cette maniere : dans des rochers où on ne peut aller que par des chemins tortueux, & où

il eſt preſque impoſſible de meſurer ou
tranſporter un inſtrument, dès qu'on peut
y poſer une remarque ou un jalon, rien
n'empêche alors d'opérer avec exactitude;
comme cette exactitude dépend de celle
des diſtances, on vérifiera ſon opération
par la *fig. 13.* Si on a un pied pour chaque inſtrument dont la douille ſoit per-
cée, & que les genouils ſoient égaux,
on poſera les deux pieds l'un en A, l'autre
en B, & ces pieds bien diſposés, on ne
fera que changer les inſtrumens. On évitera par ce moyen de petites erreurs qui ſe
gliſſent toujours dans la valeur des angles
lorſqu'on dérange le pied pour le tranſporter à l'extrémité de la ligne.

XXVIII.

Déterminer la différence de hauteur de deux ro-
chers ou montagnes acceſſibles ou inacceſſibles.

Fig. 51. On fera ſur la baſe A B, priſe
entre les deux hauteurs, les opérations
N.ᵒˢ 24 & 25, puis on retranchera l'une
de l'autre, & l'opération ſera faite.

Fig. 52. Le niveau ne bougeant pas
d'un même point, s'il ſe trouve pluſieurs
montagnes, comme A B C, dont on veut
avoir les diſtances, ſoit entr'elles ou à un

même objet , on prendra un point D dans la campagne d'où l'on puisse découvrir les points A B C ; puis par les problêmes 24 & 25 , on déterminera les distances & les hauteurs de chaque objet, relativement au point D.

Pour connoître les distances A B , A C & B C.

On prendra les angles X, Y, Z ; on aura dans chaque triangle deux côtés, & l'angle compris, donc le troisieme sera connu. Cette proposition servira à attacher deux ou un plus grand nombre de points pour rejoindre un nivellement qui seroit interrompu par quelques obstacles ; elle servira à éviter les bois lorsqu'il se trouvera quelques hauteurs dans le voisinage.

X X I X.

Déterminer la différence de hauteur d'un étang & d'une riviere, entre lesquels se trouveroit un obstacle , tel qu'une montagne , une ville , &c. du sommet de laquelle on pourroit appercevoir la riviere & l'étang.

Fig. 53. On fera planter un jalon sur la hauteur , ou on choisira l'aiguille d'un clocher qui puisse être apperçue des deux points A & B. Sur les bords de l'eau, aux points A & B, on fera les opérations N.ᵒˢ 24 & 25 , & la différence O N des hau-

teurs qu'on trouvera, fera celle de l'étang
au-deſſus de la riviere ; on prendra la profondeur de l'étang ou de l'inondation avec
un plomb au bout d'une ficelle, & on
jugera à quelle profondeur on pourra écou-
ler l'eau de l'étang ou de l'inondation.

Fig. 54. Si le ſommet de la montagne ne
pouvoit être vu des deux points A & B à la
fois, on prendra deux points M N ſur ce
ſommet, dont l'un puiſſe être vu de A &
l'autre de B. On déterminera par les problêmes 24 & 25 les hauteurs de M & N,
par des ſtations O, qu'on fera entre M &
N : on cherchera la différence des hauteurs
des points M & N, & retranchant cette
différence M X de celle de M R, & N Z
de X R, la différence R Z ſera l'élévation
du point A ſur le point B.

<h2 style="text-align:center">X X X.</h2>

*Connoiſſant la hauteur d'une tour au-deſſus d'un
point inacceſſible, d'une montagne, d'un mur,
ou de tel autre objet ſur lequel on peut placer
le niveau à demi-cercle, trouver à quelle diſtance on eſt de ce point.*

Fig. 55. On poſera le niveau à demi-
cercle au point H horizontalement ; on
jettera un rayon viſuel H O ; on prendra
l'angle M H O. Cet angle eſt complément
de l'angle X, formé par le diamètre du

demi-cercle & le prolongement du rayon viſuel X O. Suppoſant cet angle de 42^d 27 minutes, on cherchera ſur la table la hauteur que cet angle donnera ; & trouvant 91 toiſes 2 pieds 10 pouces, on fera cette proportion, en ſuppoſant M H de 30 toiſes 4 pieds ; 100 toiſes : 91 toiſes 2 pieds 10 pouces : : 30 toiſes 4 pieds : Y. Au moyen des trois premiers termes connus, Y ſera la diſtance horizontale M O.

X X X I.

Du ſommet d'une montagne ou du haut d'un mur ſur lequel on pourroit meſurer une baſe, déterminer la hauteur de ce lieu au-deſſus d'un point donné inacceſſible, & la diſtance horizontale ou inclinée à ce point.

Fig. 56. Soit la ligne H G, ſommet d'une montagne, d'un mur, &c. dont on veut déterminer la diſtance horizontale M O, la hauteur H M, & la ligne H O inclinée.

On déterminera la diſtance H O, ou M O, réduite au plan de l'obſervateur, par le ſixieme problême avec un angle droit O H G, ou O G H auſſi droit ſur la baſe H G, ou par les tables des Sinus ; ſi on ne peut pas faire les angles O H G, O G H droits. Connoiſſant la diſtance M O, ſuppoſée de 60 toiſes 3 pieds, on prendra avec

le niveau d'air à demi-cercle l'angle R
égal à l'angle M O H, que je fuppofe dans
cet exemple de 43 degrés 50 minutes.

On fera cette proportion : 100 toifes
: 96 toifes : : 60 toifes 3 pieds : X

La valeur de X fera la hauteur H M.

Connoiffant dans le triangle rectangle
les deux côtés M O & M H de l'angle
droit, foit en rapportant la figure fur le
papier, ou en extrayant la racine quarrée
de la fomme des quarrés faits fur les deux
autres côtés, on déterminera la ligne inclinée. S'il n'eft pas poffible d'établir fur
la ligne H G un triangle rectangle, dont
l'angle droit foit à un des points H ou G,
foit à caufe de la pofition de la montagne
ou du mur, ou parce que le point O fe
trouvant trop bas, l'alidade mouvante (de
l'inftrument mis horizontalement) ne pourroit l'appercevoir, alors on inclinera le
graphomètre, & on déterminera la ligne
H O ou G O par le calcul des angles ou en
rapportant le triangle. Puis enfuite on prendra l'angle R = H O M, connoiffant dans
le triangle rectangle H O M un côté & un
angle aigu, on connoîtra facilement M O
& M H.

D iv

XXXII.

Déterminer la hauteur & la distance d'un objet quelconque inaccessible, sur lequel on ne pourroit opérer que dans un alignement direct à cet objet.

Fig. 57. On mesurera la ligne A B ou M N parallèlement à l'horison : on prendra les angles X Y, & par les tables des sinus, on déterminera C F & N F, ou en rapportant l'opération sur le papier. Cette opération est une des plus difficiles, & par conséquent une des moins sûres de la pratique, en ce qu'il y a beaucoup de difficultés pour mettre les points M & N dans un parfait niveau, en changeant l'instrument de place.

XXXIII.

Déterminer la hauteur & la distance inaccessible d'une tour ou de tel autre objet qui ne seroit pas dans le plan de l'observateur; c'est-à-dire, dont la base de l'objet seroit plus haute ou plus basse que l'observateur.

Fig. 58. On posera le graphomètre aux points B & A pour déterminer la distance B M (problème 6,) on prendra les angles X & Y au-dessus & au-dessous de la ligne horizontale B M, & par le problème 25 on aura la hauteur O N.

Si on cherche la hauteur d'une tour ou d'un mur de terrasse, il faut obferver que ces objets fitués fur le bord de l'eau, foit d'un marais, d'une riviere ou d'un étang, ont des talus confidérables, & qu'il faut y faire attention, on pourra du point A déterminer ces talus.

Ce problême fert, à la guerre, à déterminer la longueur des échelles néceffaires pour efcalader un rempart.

XXXIV.

Lever le profil de la fortification d'une ville, relativement au plan horizontal de cette ville, fuivant un alignement donné à travers la face du baftion, du foffé, du chemin couvert & du glacis.

Fig. 59. Soit une ligne horizontale A B X X. &c. donnée pour niveau de la ville, on commencera par pofer au point B, pied du talus intérieur du rempart, une régle de 6 ou 7 pieds, divifée en pieds, pouces, lignes, comme celle des voyans. On fera gliffer le long de cette régle un voyant de 6 pieds; on pofera le niveau au point D fur le talus; on pofera un autre voyant au point E; la ligne de niveau déterminera les points C E; on écrira fur fon brouillon 11 pieds 10 pouces de Bien C; on tranfportera enfuite le niveau au point G , laissant le voyant du point E sans le déranger. Le niveau placé, on écrira sur son brouillon 7 pieds 8 pouces trouvés de E en F, 3 pieds de V en G, on mesurera comme il est dit , problême 4, les distances C E , F V , & on écrira 4 toises 3 pieds pour la projection horizontale B X du talus intérieur : on levera les voyans C & F ; on en posera un au point H ; on mesurera la distance G H de 4 toises 3 pieds, & la hauteur H I d'un pied $\frac{1}{2}$; on portera ensuite le niveau au point K sur le parapet ; on mesurera les hauteurs relativement à la ligne L T , & les distances horizontales des points H M P Q S..... que l'on portera sur son brouillon.

On suppose dans cette exemple le plan horizontal de la ville, de niveau avec celui du chemin couvert au pied de la banquette, & celui de la campagne. S'il ne l'étoit pas & qu'on voulût s'en assurer, on mesureroit les perpendiculaires M Z de l'escarpe, & O P de la contrescarpe, avec un plomb au bout d'une ficelle. Par ce moyen on peut aussi déterminer la longueur du talus Y Z & P Q des revêtemens ; on peut encore abaisser à vue sur la maçonnerie des revêtemens aux angles , une perpendiculaire W Y prise du cordon, ou M Q; & on aura les largueurs des talus : on mesurera la largeur du fossé ; on transportera ensuite le niveau au point A sur le glacis ; on se placera de maniere que la ligne horizontale du niveau passe par le point B de la crête du glacis, & on évitera à ce point une mesure verticale ; on fera poser le voyant aux points M, R, F, A, B, X ; on écrira sur son brouillon les hauteurs & les distances trouvées sur le terrein ; on pourra ensuite sur le papier, avec une échelle, d'après son brouillon, construire le profil au cabinet.

Pour cet effet, on tirera une ligne indéfinie A X, puis d'un point B, pris pour pied du talus intérieur, on portera sur cette ligne les distances qu'indiqne le brouillon ; aux points de distances, on élevera des perpendiculaires indéfinies ; on prolongera indéfiniment en-dessous celles du fossé pour en déterminer la profondeur. Pour ne pas répéter sur le profil toutes les opérations des lignes de niveau, on ajoutera les hauteurs, 11 pieds 10 pouces & 7 pieds 8 pouces ; on en retranchera trois pieds, & on aura 16 pieds 6 pouces pour la hauteur de X G ; on tirera la ligne B G qui sera le talus intérieur ; on ajoutera à X G un pied & demi ; on portera cette mesure sur X H, & on tirera G H.... terre-plein du rempart.

On continuera de même les autres opérations.

Lorsque la ligne du profil sera déterminée, on la mettra au trait : on pointillera ensuite la ligne B X , ainsi que les perpendiculaires jusqu'au profil ; on marquera, si on veut, les hauteurs & les distances sur ces lignes pointillées, ou on se contentera de mettre sur le plan une échelle ; on laissera le dessus du profil net , à moins qu'on ne veuille y exprimer les arbres que l'on plante sur le terre-plein , ou la palissade du chemin couvert.

On peut avoir des profils à lever sur des terreins irréguliers ou inaccessibles , on aura alors recours aux problêmes qui traitent des hauteurs & des distances inaccessibles.

X X X V.

Lever le profil d'un terrein d'une inégalité quelconque, suivant un alignement donné à travers une maison , un verger, un étang, un chemin bordé de hayes , & le représenter sur le papier.

Fig. 60. Soit la ligne courbe A M A d'un terrein dont on veut avoir le profil, on posera le niveau au point M, soit au milieu de son terrein, si l'étendue n'est pas grande, ou à un point quelconque d'où l'on part pour faire plusieurs stations ; dans l'aligne-

ment A X, on fera planter plufieurs jalons
aux points principaux de fon terrein; dans
les intervalles de ces jalons, on fera planter
des petits piquets ou remarques bien alignés
aux jalons, & pofés aux points A ou courbures du terrein ; on mefurera exactement
les diftances; l'obfervateur reftant au point
M, fera pofer le voyant à tous les points
A, & fera hauffer la planche du voyant
jufqu'à ce que la féparation du noir au blanc
du voyant foit rencontrée par la ligne du
niveau : alors on mefurera la ligne A B
fur le voyant, & on portera cette mefure
fur un brouillon, que l'on fera en marquant
à-peu-près les courbures du terrein, &
exactement toutes les ftations & mefures
prifes fur le terrein.

Comme il peut arriver que du même
coup de niveau on ne puiffe pas déterminer toutes les lignes B A, parce qu'un terrein comme R feroit trop bas pour que le
voyant pût rencontrer la ligne de niveau,
on laiffera un voyant au point D, & tranfportant le niveau au point R, on marquera
fur fon brouillon la hauteur B D, & on
continuera fon opération comme il eft dit
ci-deffus.

Fig. 60. Si le terrein étoit plus haut,
on prendroit fur le voyant un point plus
haut, dont on marqueroit exactement la

hauteur, & on continueroit de même son opération jusqu'en X.

Fig. 62. Si dans l'alignement donné on rencontre une maison, un arbre une marre ou étang, ou quelques à pics ou rochers, on les figurera sur son brouillon, & on y portera les mesures suivant les lieux où elles seront prises. Si la maison F L forme un obstacle, on s'y prendra comme il est dit au problême 18 pour continuer un aligne-ment. S'il est nécessaire d'avoir le profil de la maison, on détaillera l'épaisseur & la hauteur des murs, la hauteur des étages & du toit. On ne se donne guères la peine de marquer la hauteur d'un arbre ou d'une haie ; lorsqu'il s'en trouve dans l'aligne-ment, on en prend les figures afin de dis-tinguer un profil qui passeroit par des ver-gers, des clos, des chemins bordés de haies, de même que des ruisseaux, bois, &c. du profil d'un terrein sec & dénué d'inégalités.

Lorsqu'on se trouve sur le bord d'une marre, d'un étang, dans un tems calme, l'eau dormante est de niveau ; ainsi on peut quitter son opération & la reprendre à l'autre bord. Comme il est nécessaire dans un profil d'avoir les distances, on prendra la distance du point P au point Z, par le problême 6 ; de la base P G, on peut encore déterminer par le problême 25 la hauteur du rocher O, que l'on figure auffi fur fon brouillon.

S'il eft néceffaire d'avoir le profil du fond de la marre ou de l'étang, on tendra un cordeau entre les points P & Z ; on marquera des points B fur ce cordeau, & avec un bateau on fuivra le long du cordeau en jettant un plomb au bout d'une ficelle ; à tous les points B, on mefurera les profondeurs B Y. Il faut affurer fur le cordeau le point B, parce qu'il n'eft pas facile fur l'eau de mefurer exactement toutes les petites diftances dont on a befoin ; on peut le faire en fichant dans le cordeau une épingle à chaque point ; on la tord pour qu'elle ne s'échappe pas, & enfuite on tend le cordeau fur le terrein pour mefurer les diftances d'une épingle à l'autre ; fi le cordeau fe trouve trop court pour la largeur de l'étang, on pourra marquer plufieurs ftations avec des jalons ou perches fuivant la profondeur de l'eau ; on peut encore pour foutenir le cordeau fur la furface de l'eau, y attacher de diftance à autre de petites planches de liége ; par ce moyen il ne s'enfonce pas vers le milieu, ce qu'on ne pourroit empêcher fans ce fecours.

Fig. 62. Pour repréfenter ce profil fur le papier, on commence par tirer une ligne très-déliée au crayon; on fera une échelle L V affez grande pour pouvoir exprimer des pieds & même des pouces, fi les travaux que l'on veut faire fur le terrein l'exigent.

Lorfqu'on aura décidé la ligne de niveau C N , on portera fur cette ligne toutes les diftances horizontales mefurées entre les points A.... à tous les points de diftances, que l'on marquera légérement, non feulement pour la propreté du deffein, mais encore pour une plus grande exactitude. De cette ligne de niveau , on abaiffera des perpendiculaires; on marquera fur ces perpendiculaires les mefures portées fur les lignes M B, A B, &c.

Fig. 62 & 63. Tous les points A , M, D, F, S, Y , &c. étant déterminés , on tracera par ces points toutes les différentes courbures du profil; le profil étant efquiffé au crayon , on mettra au trait tout ce qui exifte à demeure ; & après avoir pointillé une ligne de niveau R X, foit à une diftance au-deffus du plus haut objet , foit à l'horizon du plus bas , foit au-deffous, pour ne pas interrompre les détails du plan , on effacera toutes les lignes de conftruction afin d'avoir le papier net, foit pour y faire des ouvrages, ou y conftruire des projets. Si on leve le profil pour en avoir le deffein,

on

on enrichira la surface du terrein de tous les objets qu'il préfente, comme maifons, arbres, bois, rochers, &c.

On obfervera que toutes les diftances prifes fur un terrein haut & bas, fur un étang mefuré avec un cordeau pour avoir le profil de fa profondeur, font fufcepti- bles d'erreurs ; c'eft pourquoi lorfqu'on trouvera des moyens faciles d'affurer les points principaux d'un alignement par des opérations exactes, on en profitera, & on y fera cadrer les petits détails.

X X X V I.

Le plan topographyque d'un pays de montagnes, contenant plufieurs étangs dans le voifinage d'un château, étant donné, déterminer fi les eaux des étangs font affez élevées au-deffus d'un lieu deftiné à établir des forges, de-là tomber dans un réfervoir ; que ce réfervoir puiffe con- tenir affez d'eau pour fournir à plufieurs jets & cafcades dans le jardin du château ; quels feroient à-peu-près les travaux néceffaires pour la conduite des eaux ?

Fig. 64. On pofera le niveau d'air au point B , & un voyant au point A. Ayant fait mefurer depuis le niveau de l'eau jufqu'au voyant mis parfaitement dans l'alignement du rayon vifuel du niveau d'air, on portera

E

sur son brouillon 10 pieds 4 pouces 6 lignes trouvés pour la hauteur ; ce brouillon exprime le profil figuré du terrein , & les opérations comme elles seront faites verticalement. On aura un autre brouillon pour les opérations horizontales , où seront exprimés les angles & les lignes parcourues. On enverra poser un voyant en D , & un jalon dans l'alignement au point C , sur le bord du torrent ; le terrein au point B n'étant point commode pour prendre la hauteur & la distance de la source au point Y , (*figure 65.*) on dirigera une ligne B X , qu'on fera mesurer exactement , ainsi que les angles X B D , B X N , de même la hauteur du point X , relativement au point B sur la base N X ; on déterminera la distance & la hauteur de la source Y par le problême 26. Comme dans cette occasion on n'a pas besoin de profil de la ligne X Y , une simple opération suffit pour déterminer sa hauteur.

On laissera un jalon au Point B , & on placera le niveau au point D. On écrira sur son brouillon la différence, 9 pieds 6 pouces 4 lignes de hauteur du voyant au niveau ; on prendra de ce point D la profondeur du valon en C par le problême 31, & la distance B D , que je suppose impraticable pour mesurer & niveler, de même que D C par le problème 7 sur la ligne D E, on prendra de même par la perpendiculaire F D la distance D G. Comme dans ces opérations on se sert de deux instrumens, qui sont le graphomètre, pour les distances, & le niveau d'air à demi-cercle pour les hauteurs & le nivellement ; on peut avoir un pied pour chaque instrument, & poser indistinctement l'un ou l'autre de ces instrumens sur l'un des pieds, afin que posés une fois sur un point, on ne les dérange pas que les opérations ne soient faites ; un pied peut servir de jalon lorsqu'un instrument est posé sur un autre pied. Il résulte de cet arrangement qu'on évite les erreurs qui peuvent se glisser dans les opérations lorsqu'on est obligé de changer de place le pied de l'instrument, soit qu'on y substitue un jalon ou qu'on le pose à sa place. Cette opération demande toujours un tâtonnement pour faire répondre le centre de l'instrument perpendiculairement au point d'où partent les lignes d'opération. Cette opération faite, on laissera un jalon en D, & transportant le niveau au point G, on marquera sur son brouillon 8 pieds 8 pouces, hauteur du voyant jusqu'au

niveau: on prolongera la ligne D G en M,
on marquera fur fon brouillon 8 pieds 2
pouces 4 lignes pour la hauteur du voyant
au point M. Au-deſſous du niveau de l'o-
pération précédente, on pourra retrancher
deux lignes pour la réduction au vrai niveau que produiſent les 120 toiſes; on fera
poſer un voyant au point M, qu'on fera
fixer ſuivant l'alignement de la ligne de
niveau ; partant du point G, on prendra,
(problême 6) la diſtance G M ſur HG, on
ſe tranſportera au point M, où par les
mêmes opérations on déterminera M Q,
M P & M O.

   Fig. 64. On deſcendra de M en O, de Q
en P; la ligne O P étant une eau tranquille
& de niveau, on pourra prendre la profondeur de l'eau en pluſieurs endroits, comme
il eſt indiqué au problême 35, & on aura
par ce moyen le profil de cette partie. Un
coup de niveau du point M ſur un voyant
au point Q, ſervira de preuve aux petites
opérations qui ont déterminé le profil de
cette diſtance par les courbes M O & P Q.
L'eſpace compris entre les points q r ı s t
étant couvert de bois & de difficile accès,
le peu de facilité d'établir des lignes dans
des bois fourrés & pierreux, la multiplicité
des angles qu'il faut faire, dont on abrége
le nombre autant qu'il eſt poſſible, & la

difficulté d'avoir des angles réduits au plan de l'obfervateur fur des pentes trop inclinées, produifent néceffairement des erreurs grandes ou petites, fuivant l'attention qu'on y donne. Le mefurage des lignes fur des talus trop roides préfente encore une autre difficulté ; on fe fert dans ce cas d'une toife ou d'une double toife, fur laquelle eft attaché un équerre avec un plomb au bout d'une ficelle qu'on lâche plus ou moins, fuivant la hauteur du terrein ; on marque avec un petit piquet de fer le point où répond le plomb ; on y pofe après l'extrémité de la toife, & ainfi de fuite jufqu'au bout de la montagne, problême 24, *figure 48.*

Si on avoit un nivellement à faire de peut d'étendue, & qu'on ne fût pas fufceptible, de quelques pouces, on pourroit l'exécuter de la maniere ci-deffus avec une double toife & un équerre, *figure 43.*

Parvenu au point T, on prolongera la ligne S T jufqu'au point U fur le bord du chemin, qu'on marquera par un jalon au point T ; on fera l'angle U T V droit ou d'une quantité de degrés fans minutes. (Toutes les fois qu'on fera libre de déterminer un point, on fera enforte d'éviter les minutes dans les angles pour plus grande exactitude, en rapportant fur le papier le plan des opérations d'un nivellement.)

Fig. 66. On mefurera T V, & fur cette ligne l'angle V T U étant droit, on déterminera la hauteur & la diftance du point U par le problême 26.

Au point NN fur la ligne V X, on déterminera la différence de hauteur des extrémités de cette ligne par le nivellement moyen (problême 20) & la diftance de ces points par la perpendiculaire S S, NN. On marquera fur fon brouillon la valeur des angles T V X, V X K, & on continuera le nivellement jufqu'au point K, niveau de la terraffe du château.

Pour rapporter le profil de ce nivellement fur le papier, comme il y a des projets de travaux à exprimer fur la ligne de profil, on prendra une bafe au-deffous du point K. (Plus baffe opération.)

Fig. 67. On portera fur cette ligne les diftances des ftations ; on élevera des perpendiculaires indéfinies à tous ces points, & on fera le profil comme il eft dit, problême 35.

Nota. Les diftances des points de ce profil font mifes à volonté, pour ne pas prolonger la planche, à caufe de la grandeur de l'échelle qui exprime les hauteurs.

On peut voir enfuite par le profil que

l'élévation du point A sur le point O est d'environ 27 pieds ; qu'il faudroit pour pouvoir conduire l'eau d'un étang dans l'autre, faire une tranchée d'environ 12 toises de long dans le roc, & de 7 pieds de profondeur au-dessous du point B. L'eau au point A est plus haute que le point D de 5 pieds 1 pouce 5 lignes.

Fig. 68. On peut, en faisant un maçonnage entre quelques fentes de rochers par où s'écoule l'eau du premier étang, faire monter l'eau de cet étang jusqu'à 6 pieds, hauteur où on suppose qu'il étoit antérieurement, pour lors la tranchée seroit moins considérable. On fera un aqueduc sur le vallon qui conduira l'eau de l'étang au point D. On pourroit encore, si l'eau de l'étang ne suffisoit pas, arrêter le torrent par un mur de terrasse solide, appuyé de contre-fort suffisant, & qui pourroit faire monter l'eau qui descend de ce vallon & de la source Y à la hauteur de l'étang, en supposant qu'elle ne prenne pas d'écoulement dans les rochers par quelques fentes qu'on ne pourroit boucher. Les eaux conduites à ce point par les travaux dits ci-dessus, pourront se verser dans l'étang O P sans beaucoup de frais. Si on ne jugeoit pas à propos de se servir des eaux du torrent, on pourroit toujours prendre l'eau de la source Y en lui faifant un baffin ; cette eau, qui eft confidérable en tous tems, peut être conduite à peu de frais en fuivant fur un auget la ligne 22 dans le vallon jufqu'au point 4, jonction du petit torrent détruit , & qui tombe dans le fecond étang.

L'eau du fecond étang eft 5 pieds 7 pouces 4 lignes au-deffous de la hauteur ; mais une digue faite à fa fortie au point R, entre les roches, peut la faire monter de 3 pieds ; on peut enfuite ouvrir un canal qui reverfera l'eau dans les baffins & canaux néceffaires pour l'ufage des forges établies fur la pente de la montagne ; ces eaux tomberont enfuite par différens endroits dans le réfervoir qu'on peut former dans le marais par une digue conftruite au débouché de 5 ou 6 toifes de hauteur, s'il eft néceffaire. On peut dans ce lieu former un réfervoir plus que fuffifant pour fournir les jets & cafcades des jardins du château : la bafe de ce réfervoir eft d'environ 4 toifes au-deffus du point K, & on peut le remplir d'environ 5 à 6 toifes de hauteur.

Sur un plan & un profil fait exactement, avec une parfaite connoiffance du prix des matériaux qu'il eft néceffaire d'employer, foit qu'ils foient à portée ou éloignés, ainfi que des facilités qu'on peut trouver dans le pays, on pourra faire des devis exacts & déterminer à-peu-près la dépenſe entière du projet.

Cet exemple ſuffit pour donner une idée aſſez étendue de toutes les opérations relatives au nivellement.

XXXVII.

Saigner une inondation qui empécheroit qu'on ne pût ouvrir la tranchée, ou faire les approches d'une ville dont on veut faire le ſiége.

Fig. 69. Soit une inondation X formée par quelques écluſes enfermées dans des retranchemens, de maniere qu'elles ne puiſſent être ruinées. On ſuppoſe qu'après avoir reconnu les environs de la place, il ſeroit poſſible de ſaigner l'inondation par une tranchée ou canal conduit juſqu'à la riviere M. Pour s'en aſſurer, on cherchera la différence de hauteur de l'inondation & de la riviere, on reconnoîtra de jour les endroits propres aux ſtations. Si à cauſe du voiſinage de l'ennemi on ne peut faire l'opération librement & de jour, on la fera de nuit; on poſera le niveau à lunette au point B au bord de l'inondation; l'obſervateur aura ſoin d'être pourvu d'une mêche allumée, cachée du côté de la ville par une planche, pour que l'ennemi ne puiſſe appercevoir ſon feu; cette mêche ſera le signal dont il se servira, en la hauffant ou la baiffant le long de la planche, pour faire hauffer ou baiffer le voyant placé au point A fur lequel il dirigera fon inftrument. Le voyant placé au point A doit être garni d'une mêche allumée, afin que l'obfervateur du point B puiffe le voir diftinctement. Si le point ne peut être hors de la vûe de l'ennemi, & que l'aide rifque de recevoir quelques coups de fufils, que l'ennemi ne manque pas de tirer fur le feu qu'il voit paroître, alors il plantera la perche où eft attaché le voyant ; il attachera au voyant une longue ficelle, & il fe mettra à couvert, foit dans un trou ou derrière un gabion rempli de terre, de maniere qu'il puiffe voir le fignal de l'obfervateur, & avec fa ficelle il hauffera & baiffera fon voyant fuivant le fignal convenu entr'eux. L'opération une fois décidée, il ôtera la mêche pour que l'ennemi ne puiffe diriger fon feu vers cet objet. Dans le cas où on a plufieurs opérations de cette efpéce, on eft pourvu de plufieurs voyans, parce qu'un boulet de canon peut en brifer un ou deux. Il fe fait, dans le cours d'un fiége, des opérations pour le moins auffi épineufes que celle-ci ; cependant on remarquera qu'il faut qu'un terrein foit bien découvert pour qu'il faille avoir recours à cet expédient.

Supposant présentement que l'on soit parvenu au point A hors de la portée de l'ennemi par une ou plusieurs opérations de cette espéce, on posera le niveau à ce point, & on marquera sur son brouillon la distance D du voyant à la ligne de niveau de 3 pieds 5 pouces 9 lignes.

Fig. 70. On marquera de même les distances M S, G R, H L & O K, ajoutant ensuite ces mesures, on aura 24 pieds 8 pouces, desquels on ôtera 3 pieds 8 pouces pour la hauteur B X de l'instrument au premier terme, & il restera 21 pieds. Comme la ligne D X de niveau apparent est de 300 toises faites d'une seule station, on retranchera encore un pouce que donne la table pour la réduction, & les 20 pieds 11 pouces restans seront la hauteur de l'inondation au-dessus de la riviere ; comme les autres stations sont supposées n'avoir pas chacune dépassé 40 toises, on n'aura pas attention à la réduction au vrai niveau.

Le plus court chemin donne environ 360 toises ; mais comme cet alignement pourroit être enfilé du canon de la place, on ne peut le faire suivre. Pour mettre à couvert les travailleurs, on prendra la direction R Y, & du point Y on peut aller au point M à la riviere, en ligne brisée. Cette courbure forme une tranchée d'environ 380 toises. Sur les 3 toises 3 pieds de hauteur de l'inondation au-dessus de la riviere, on peut faire une tranchée de 6 pieds au-dessous de l'inondation, le long de la ligne R Y, à laquelle on pourra donner 4 pieds de pente dans son étendue d'environ 60 toises : il restera 360 toises pour la ligne, & environ 11 pieds pour la pente, qui seront plus que suffisans pour l'écoulement des eaux.

Quant à la construction, on aura attention de faire jetter les terres du côté de l'ennemi, & le plus loin qu'on pourra de la tranchée, parce que l'eau éboule les terres, & qu'une grande quantité venant à s'écrouler, si les terres de l'excavation étoient sur le bord de la tranchée, elles pourroient la combler & arrêter l'eau. On doit aussi arrondir les angles. Quant à l'ouverture, elle se fait toute à la fois dès que la nuit est arrivée; si le terrein est pierreux & dur, on peut mettre un rang de gabions devant les travailleurs qui sont sous le feu de l'ennemi, pour les garantir jusqu'à ce qu'ils soient enterrés, parce que l'ennemi ne manque pas de faire un feu continuel sur les travailleurs dès qu'il entend du bruit. On laissera quelques toises de distance entre l'inondation & la

tranchée, afin que l'eau n'incommode pas
les travailleurs : on fera de distance à autre des rampes pour pouvoir sortir de la
tranchée ; on fera un épaulement près du
débouché de l'inondation, derrière lequel
se tiendra un piquet de 50 hommes avec
armes & outils ; on construira une rampe
assez large pour descendre dans la tranchée
& ouvrir le débouché à mesure que les
eaux s'écouleront : si la terre est franche,
il se fera assez d'ouverture, mais si elle est
pierreuse, il faudra nécessairement que les
travailleurs creusent de tems en tems, à
mesure que les eaux baisseront.

Si le terrein étoit mouvant, ou qu'on
fût dans une saison pluvieuse, il faudroit
de distance en distance tenir des travailleurs pour remédier aux engorgemens que
causeroient les éboulemens des terres, ou
on fera la tranchée plus ou moins large,
suivant la quantité d'eau qu'on aura à saigner, & plus large vers le haut que vers le
bas. On fait quelquefois de ces sortes de
travaux pour détourner le cours d'une riviere, & mettre par ce moyen son lit pres-
qu'à sec.

XXXVIII.

Placer sur le terrein, perpendiculairement à une ligne fixée, tous les points de distance & de hauteur d'un profil donné sur le papier.

On se sert pour cet effet de planches de sapin qu'on fait scier en long par bandes de 3 ou 4 pouces de largeur; on les affile par un bout pour les faire entrer dans la terre plus aisément; on fait encore usage d'une double échelle de Jardinier.

Fig. 72. A tous les points ABCD, &c. on plantera des piquets dans l'alignement Y Z de hauteur égale; on enfoncera ensuite les bandes ou jalons de sapin à côté de ces piquets; on posera la double toise sur ces piquets, & on coupera le surplus des hauteurs B N, O C, X D R E; pour mieux affermir ces jalons & marquer le profil exactement, on joint les extrémités par des bandes qui expriment les lignes ANOXM que l'on attache avec des cloux.

Lorsqu'on veut construire un retranchement, on fait de cette maniere plusieurs profils de distance en distance pour pouvoir guider plus sûrement les travailleurs.

Pour que le retranchement ou parapet soit bien construit, on met un profil à chaque extrémité & un au centre, de sorte

qu'ils foient dans un parfait alignement.
On les multiplie enfuite autant qu'il eft néceffaire, en les alignant toujours fur les
premiers ; quant au foffé, on ne peut marquer fon profil que lorfqu'il eft creufé affez
profond.

Lorfqu'on a creufé l'efpace N F G O......
de diftance en diftance du point F au
point L, on attache une bande de bois de
fapin qui fert de guide pour couper les
terres en talus.

Si le talus eft plus long que la bande,
on enfonce des piquets T de diftance à
autre, auxquels on attache les bandes qui
doivent marquer L F ou le talus de l'efcarpe & de même pour G H, talus de la
contrefcarpe du foffé.

Il en eft de même pour tous les talus.
Quant au glacis, on profile fa hauteur de
même lorfqu'elle eft déterminée ; mais dans
les retranchemens de campagne, l'étendue
du glacis, lorfqu'il y en a, dépend toujours du furplus des terres de l'excavation
du foffé qui a fervi à conftruire le parapet
& la banquette ; ainfi on l'étend plus ou
moins fuivant la quantité qu'on en a, & la
hauteur qu'on veut lui donner.

A la guerre, où fouvent on fe retranche
la nuit & à la hâte, on ne peut prendre
toutes ces précautions : on fait alors des

à-peu-près. Un Officier qui se sera exercé à cette pratique en tems de paix, aura un grand avantage dans la conduite de pareils travaux ; il guidera infiniment mieux ses travailleurs, & leur diminuera beaucoup la fatigue en abrégeant l'ouvrage.

Il suit de ce problême que le plan & le profil d'une batterie étant donné sur le papier, on peut tracer cette batterie sur le terrein, & placer la quantité de profils nécessaires pour servir à sa construction, soit qu'elle doive avoir des embrasures, ou qu'elle n'ait qu'un simple épaulement pour une batterie de mortier.

Fig. 72. On commencera par tracer les lignes A B C.... on menera à ces lignes les parallèles qui expriment les largeurs du parapet, les talus extérieurs & intérieurs, ainsi que ceux du fossé ; on établira ensuite les profils de distances à autres aux angles & aux extrémités. Lorsque l'épaulement sera construit jusqu'au parapet de la maniere indiquée ci-après, 2.me partie, on construira les profils des merlons qui seront déterminés par le tracé des embrasures, & qui seront marquées par des piquets à trois toises de distance sur la ligne.

Ce travail se fait en tems de paix avec exactitude, de même dans un camp ou dans une place ; mais à un siége on ne peut

prendre

prendre toutes ces précautions pour des batteries qui se construisent sous le feu de la place. Un Ingénieur conduit les travailleurs à vue, & comme il peut arriver que l'Ingénieur soit tué, ou que sa présence soit nécessaire à d'autres travaux, les Officiers qui commandent des travailleurs, ou ceux qui les soutiennent, doivent y suppléer ; ce qu'ils ne pourront faire avantageusement s'ils ne sont exercés en tems de paix à ces sortes de travaux.

Le tracé de la fortification de campagne s'exécute sur le terrein suivant l'idée de celui qui commande. En examinant le terrein, il fait construire les ouvrages qu'il croit les plus propres à sa défense, comme redoutes, redans, lignes à cremailler, soit à vue ou d'après un plan donné sur un papier par un Ingénieur, & dont il faut suivre les dimensions avec exactitude.

On commence par tracer le trait magistral ; on marque tous les angles avec de forts piquets, & ensuite on trace les parallèles qui déterminent chaque partie, comme talus, banquettes, fossés, rampes, ouvertures, traverses, &c. *fig. 16, 17 & 18.*

Le tracé de l'attaque d'une place (le plan étant donné sur le papier) se fait en s'appuyant à plusieurs points reconnus sur les capitales des ouvrages de la place que

F

l'on attaque. Ces points font marqués fur le plan, & indiqués fur le terrein par des piquets, jalons ou planches fur lefquels on attache une mêche allumée du côté de l'af-fiégeant, & caché à l'affiégé; elle fert à guider les Ingénieurs pendant la nuit. Un Soldat fait au pied de chaque piquet un trou dans lequel il fe tient à l'abri du feu de la place pour relever la mêche fi elle étoit tombée, ou pour ranimer le charbon qui fe couvre de cendre & qui ne fe diftin-gue plus.

On fait des obfervations pendant le jour, afin de profiter la nuit des facilités que donne la nature du pays pour fe mettre à couvert du feu de la place, & pour appuyer la plus grande quantité de points, qui fervent enfuite à guider les travailleurs à la conftruction de la premiere place d'ar-mes. Cette place d'armes étant tracée & perfectionnée pendant le jour, on fera une remarque vis-à-vis les angles faillans ou fur le prolongement de toutes les capitales des ouvrages; on déterminera la diftance de ces points aux ouvrages de la place, avec le plus de précifion qu'il fera poffible, parce que ces capitales fervent de points d'appui pour diriger tous les ouvrages de l'atta-que. Lorfqu'on connoît à quel point de la capitale on eft fur le terrein, on peut déterminer avec plus d'exactitude la poſition de tous les ouvrages qu'il faut conſtruire, dont on a donné le projet ſur le papier. Un boyau de tranchée, une batterie, une traverſe, conſtruits à quelque diſtance du lieu indiqué ſur le plan projetté, deviennent ſouvent inutiles, parce qu'un boyau ſe trouve enfilé du feu de la place; qu'une batterie n'a plus le même effet ſe trouvant hors d'un alignement jugé néceſſaire, ou qu'une traverſe ne garantit ou ne couvre pas un débouché par où doivent paſſer les troupes qui vont aux différens poſtes de l'attaque, &c. Lorſque les travaux approchent des ouvrages de la place, on ſe guide ſur leurs angles flanqués ou ſur leur direction. Un grand uſage du tracé ſur le terrein donne beaucoup de facilité dans ces ſortes de travaux où on agit ſuivant les circonſtances.

Un Officier particulier ne doit pas négliger de s'inſtruire dans ce genre de travail; les occaſions lui en démontreront la néceſſité. Quelque projet qui lui ſoit donné, il l'exécutera facilement ſur le terrein, d'après la connoiſſance des opérations de ce cours, & ſpécialement d'après la maniere de tracer indiquée dans cette ſeconde partie.

F ij

CHAPITRE III.

Des opérations de la levée des plans, d'une suite de lignes, & d'une figure donnée sur le terrein, faire le tracé sur le papier. De la maniere de mesurer & d'arpenter des terreins, du toisé cube des terres, de l'escavation d'un fossé, du solide d'un parapet, d'un retranchement, &c. ou d'une citerne.

ARTICLE PREMIER.

Déterminer le plan horizontal d'une figure accessible quelconque dont le plan est incliné & inégal, que l'on peut parcourir entre toutes ses limites, & le représenter sur le papier.

Fig. 1. ON choisira deux points quelconques, ou un côté A B de la figure, que l'on mesurera très-exactement; on figurera le contour de la figure sur le papier, & on fera planter des jalons à tous les angles; pour les mieux reconnoître lorsqu'ils se trouvent éloignés, on les fend par le haut, & on y met un morceau de papier blanc. On pose ensuite sur le point A le grapho-

mètre horizontalement , de maniere que
le diametre du demi-cercle soit dans l'alignement A B ; alors avec l'alidade mouvante , on prendra les angles formés par la
ligne A B , & tous les rayons visuels aux
points D M N C qui partent des deux
points A & B. On écrira sur son brouillon
la valeur des angles ; rapportant ensuite
les opérations sur le papier avec une échelle
& un rapporteur , on aura le plan demandé.
Si on veux marquer exactement la crête de
la hauteur qui passe dans cette figure , on
mesurera les distances A X & B S , puis
des points R & Z on abaissera des perpendiculaires sur la base ; on les mesurera , &
rapportant la figure sur le papier , on aura
les points principaux de la hauteur. Si la
figure est très-grande , & que les points en
soient trop éloignés , on y dirigera l'alidade
mouvante des points R & Z , comme on a
fait par les autres points. Si la pente étoit
très-roide , & qu'on ne pût baisser assez l'a-
lidade mouvante sans incliner le demi-cercle du graphometre , on prendroit une
base hors de la figure & vers le bas , de maniere que des extrémités de la base le graphometre horizontalement posé , on pût
avec l'alidade mouvante appercevoir tous
les jalons qui indiquent les côtés de la figure.

On peut rapporter cette figure par le

calcul des angles , comme la trigonométrie l'enseigne, pour avoir la longueur des côtés.

I I.

Lever le plan d'un terrein irrégulier, acceſſible, découvert & limité, tel qu'un champ, une prairie, un jardin, & le repréſenter ſur le papier.

Fig. 2. Soit une piece de terre ſuppoſée ſenſiblement horizontale , on plantera des piquets aux angles que forment les côtés ; on marquera du point C au point D la diagonale C D de tous les points B X R E ; on abaiſſera des perpendiculaires ſur la diagonale ; on meſurera les diſtances C M, M N , &c. & les perpendiculaires B M, N R , &c. On opérera de même pour la figure 3 ſur la diagonale A B , & on déterminera par les perpendiculaires A C , D C , &c. la courbe que forme la riviere.

Fig. 3. Pour rapporter la figure ſur le papier , on fera une échelle d'une grandeur quelconque , ſuivant l'étendue qu'on veut donner à la figure : on tirera une ligne indéfinie au crayon ; puis on rapportera les diſtances A E, E N, N F, F I, &c. en toiſes de l'échelle ; on élevera les perpendiculaires indéfinies A M, M C, I M, D C, &c. On portera ſur ces perpendiculaires, en toises de l'échelle, les mesures trouvées sur le terrein, que le brouillon indique ; & par les extrémités de la premiere ligne & celles des perpendiculaires, on tirera des lignes qui formeront le contour de la figure.

Fig. 4. Si le terrein est un jardin (tel que le représente la figure) rempli de compartimens, on tendra une ligne B D d'un bout à l'autre de l'allée sur un de ses côtés ; on mesurera ensuite sur cette ligne toutes les distances qui divisent les différens objets du jardin, qu'on portera sur un brouillon figuré. Avant de commencer le mesurage, on examinera que la palissade où est la porte d'entrée, & les allées qui croisent celle du milieu, sont perpendiculaires sur cette allée ; on mesurera les distances de ces allées, en observant la largeur des plattes - bandes ; on s'arrêtera aux points m pour marquer les détails qui se trouvent le long des plattes-bandes.

Fig. 5. Le rayon m i, déterminera l'arc qui forme l'encoignure de la platte-bande. Un autre rayon o m déterminera le centre du petit cercle qui coupe la platte - bande, & mesurant de O en L, la ligne O L donnera la largeur de la petite allée. On portera de même les mesures du petit quarré du centre où se placent des pots ou caisses. On mesurera la longueur & la largeur des allées de traverse ; ayant mesuré les distances d F & O T , on mesurera T N. Le point N déterminera l'allée : on mesurera ensuite la largeur de la platte-bande , la distance de la palissade au fossé , & la largeur de ce fossé. Pour avoir l'alignement de la haie qui pourroit ne pas être déterminé par un point lorsqu'elle est d'une certaine largeur, on fixe une mesure à-peu-près au centre Y , & de ce point en X au bas du fossé. Pour avoir la grandeur du verger, on mesurera deux dianogales R N & Q K , en observant la distance du point d'intersection X aux points R & N ; on mesurera aussi les distances X N & X Q. Les compartimens du jardinage se marquent suivant le goût du dessein , à moins qu'on ait des raisons qui exigent de les rendre tels qu'ils font. On pourra prendre la courbure de la riviere de la même maniere que la figure 3 l'indique, en s'établissant sur une ligne droite e e b b , déterminée par les distances perpendiculaires à la grande allée.

Pour rapporter cette ligne sur le papier, on fera une échelle relative à la grandeur du papier sur lequel on veut représenter ce plan.

On tirera une ligne B D indéfinie ; on portera fur cette ligne toutes les mefures fuivant l'échelle, c'eft-à-dire, les diftances des perpendiculaires, les parallèles pour les allées & les plattes-bandes, la longueur de ces perpendiculaires & autres petits objets figurés fur le brouillon. Le verger fe déterminera en formant avec la ligne K R le triangle K X R, dont les côtés font déterminés : on prolongera les côtés R X en n & K X en Q, fuivant les mefures trouvées fur le terrein, & par ces points on figurera le contour du verger. S'il arrivoit que par rapport à quelques arbres on ne pût prendre la diagonale au point X, on la feroit aboutir au point O; & mefurant la diftance o n, la ligne n κ fera déterminée. Il peut fe trouver d'autres petits détails dans un jardin, comme bofquets ou autres compartimens qui ne feront pas plus difficiles à déterminer, foit en y établiffant des perpendiculaires, en y mefurant des triangles ou des Diagonales, &c. Les leçons précédentes font fuppofées avoir donné affez de connoiffance des mefurages pour remplir les petits objets relatifs à cette partie. Lorfqu'il fe trouvera des difficultés plus confidérables, on aura recours aux problêmes ci-après, qui donneront les moyens

de les furmonter, en faifant ufage des inftrumens.

Le plan d'une figure ou jardin étant rapporté légerement au crayon, on le deffi-
nera proprement à l'encre de la chine ou
en couleur, en repréfentant chaque partie
comme il eft dit au chap. 4 de la 2.ᵉ partie.

Il fuit de ce mefurage, que l'on peut,
par le moyen de l'échelle du plan, trouver
la quantité d'arpens ou de parties d'arpens
que contient un terrein dont la furface eft
rapportée fur le papier, le rapport de la
toife à la perche linéaire qui fert à mefurer
l'arpent & la quantité de perches qu'il faut
pour un arpent étant données.

La premiere figure étant déterminée par
les angles pris fur la bafe A B, qui eft la
feule ligne qu'il ait été néceffaire de mefurer pour avoir le contour, on ne peut déterminer, par l'arithmétique, fa furface fur
le terrein, fans l'avoir partagée en trapèzes
ou en triangles. Or, comme ces mefurages font longs, & quelquefois impoffibles
à caufe des petits obftacles qu'on rencontre; lorfqu'on a rapporté fa figure fur le
papier, on la partage au crayon en trapèzes
& triangles rectangles, comme il eft marqué *figure* 2. On mefure ces lignes par le
moyen de l'échelle, & on calcule chaque
petite furface à part; on les affemble, &

on a la surface générale , ce qui est plus
juste & plus facile que de le faire sur le
terrein. Chaque pays a des usages ou des
coutumes différentes pour les mesures des
terres, auxquels il faut se conformer lorsqu'on fait des mesurages, soit de bois, terres, prés, vignes , &c. Ainsi nous suppo-
serons un exemple qui pourra s'appliquer à
tous les cas qui se rencontreront, après avoir
rapporté une figure sur le papier , l'avoir
divisée en triangles ou trapèzes comme la
figure 2, ou avoir partagé sur le terrein la
figure 6 en rectangles & trapèzes, on a trouvé que les surfaces totales de cette figure
contiennent 2462 toises quarrées , la perche est supposée être de 20 pieds quarrés ,
& l'arpent de 100 perches.

On réduira les toises quarrées de la figure
en pieds quarrés : on divisera ensuite par
le nombre de pieds quarrés que contient
l'arpent.

$$
\left.
\begin{array}{l}
OF = \ldots \ 856 \ ^{\text{toises}} \ 3^{p.} \\
OH = \ldots \ 399 \ldots.. \ 4^{p.} \\
HD = \ldots \ 966 \ldots.. \ 2. \\
BM = \ldots \ 239 \ldots.. \ 3.
\end{array}
\right\}
\begin{array}{l}
= 2462^{t.} \\
\times \ 36^{p.} \\
\hline
88632^{p.}
\end{array}
$$

L'arpent contient 40000 pieds quarrés.

$$
\frac{88632^{\text{pieds.}}}{40000} = 2 \text{ arpens } 21 \text{ perches } 232^{p. \ quarr.}
$$

III.

*Lever le plan d'un bâtiment & le repréſenter
ſur le papier.*

Pour réuſſir à lever , avec préciſion ,
le plan d'un édifice civil, on commence
par le parcourir , afin d'en prendre connoiſſance ; enſuite on en forme le brouillon ſur lequel on figure juſqu'aux moin-
dres choſes. Ce brouillon étant fait , on
prend les dimenſions des principales parties de cet édifice , telles que ſa longueur
& ſa largeur extérieure , la longueur & la
largeur des piéces qui le compoſent ; &
enfin les dimenſions des plus petites parties
de chacune de ces différentes piéces , & à
meſure on écrit ces diverſes dimenſions
dans la figure qui les repréſente.

Fig. 7. Soit un édifice ou maiſon particuliere, A B C D M G , dont on veut former
le plan. On fera un brouillon qui repréſen-
tera exactement toutes les parties de la
maiſon , ſur un papier aſſez grand pour pouvoir y écrire les meſures de chaque partie.

On commencera par la cour ; on en
meſurera les côtés A B , B C , C D ,
A D , & une diagonale telle que A C ,
d'un angle à ſon oppoſé. On meſurera auſſi
la diſtance de l'angle C ou B à la porte, &
la largeur de cette porte avec l'épaiſſeur

des murs qui forment la cour. De plus,
on prendra les épaisseurs des murs, les différentes largeurs des portes, des fenêtres,
& les intervalles de toutes les parties qui
composent le lieu où est la remise & l'écurie. On mesurera le diamètre du puits & sa
distance à l'angle D; chacune de ces dimensions s'écrira sur le brouillon, le long des
lignes qui représentent celles qui sont sur
le terrein.

On passera au rez-de-chaussée; on prendra la longueur des côtés de chaque piéce,
sur laquelle on mesurera celle des objets
qu'elle renferme, comme embrasures de
fenêtres, largeurs de portes, épaisseurs &
largeurs de leurs piédroits, largeur & profondeur des cheminées, épaisseur & saillies
de leurs chambranles, épaisseur des murs,
des cloisons, &c. largeur des rampes d'es-
caliers, de leurs palliers, de leurs marches,
avec la quantité qu'il y en aura, & on co-
tera chacune de ces choses sur le brouillon.
Lorsqu'on aura pris les dimensions, on
prendra de plus dans les piéces la longueur d'une ligne, allant d'un angle à son
opposé, ou la longueur d'une autre ligne
allant d'un point déterminé sur l'un des
côtés de la piéce à un autre point aussi déterminé sur le côté voisin, afin de pouvoir,
par ce moyen, en rapportant le plan d'après

les mesures cotées sur le brouillon, former les angles tels qu'ils sont sur le terrein.

Lorsqu'on aura une ligne A D à mesurer en détail, qui comprenne des fenêtres, portes, &c. Comme sur ces petites distances on ne fait pas toujours attention à un demi-pouce, même à un ou deux pouces, on mesurera généralement la ligne entiere, & en rapportant le plan, on assujettira tous les détails entre les extrémités de cette ligne.

S'il arrivoit qu'on ne pût mesurer la diagonale, soit d'une cour ou d'une surface quelconque, renfermée par les murs dont on veut s'assurer de la vérité des angles, parce qu'il y auroit quelques obstacles aux angles de ces murs, on les mesurera en dehors. En se mettant sur le prolongement d'un des côtés du mur, on fera un triangle C N M ou n m G à volonté sur le prolongement F C ou à G ; il faut donner à ces côtés quelques toises, & les mesurer avec le plus grand scrupule, car la plus petite erreur d'un angle, à une longue distance, devient considérable. Si on ne peut mesurer ni en dehors ni en dedans, on assujettira deux triangles sur un côté opposé ; on alignera un côté de chaque triangle sur l'angle, & on mesurera les côtés de ces triangles ; en rapportant sur le papier ses mesures , le point d'intersection fait par les prolongemens, donnera la position de l'angle & sa valeur.

La plûpart des anciens châteaux ont des tours à leurs extrémités , dont le centre est souvent ailleurs qu'au point de rencontre des murs contigus.

Fig. 8. Si la tour est accessible au-dehors, afin de la lier au plan de l'édifice comme elle existe sur le terrein ; de chaque côté de la tour , on tendra un cordeau A B & D E, qui ne la touchera qu'en un point B ou E. On mesurera avec soin la distance des points B E où la corde touche la tour aux points A & D , où ce cordeau viendra aboutir sur les murs contigus. On mesurera aussi sur ces murs les distances tdes points B & E à des points G & F , qu'on déterminera en levant le plan de tout l'édifice. On mesurera aussi les lignes G D & A F ; on écrira sur son brouillon toutes ces mesures sur les lignes figurées de la maniere que se seront faites les opérations sur le terrein ; & ayant rapporté le plan , on voit aisément qu'élevant sur les tangentes D E & A B des perpendiculaires E C & B C. Elles se couperont en un point qui sera le centre de la tour.

Si par hasard les deux tangentes se trouvent parallèles ; alors les perpendiculaires

E C & B C, formeront une ligne droite qui fera le diamètre de la tour, & le milieu de cette ligne fera par conféquent le centre.

Fig. 9. Si la tour ne tient à rien, & qu'il s'agiffe d'en trouver le rayon d'un point A quelconque, on tendra deux cordeaux A B & A D, tangente à cette tour. On mefurera les trois côtés du triangle A E F, pour avoir la mefure de l'angle formé au point A par les deux tangentes ; on mefurera auffi les diftances E B & F D, & ayant rapporté ces opérations fur le papier, deux perpendiculaires élevées des points B & D, donneront le centre C de la tour. Si une tour eft très-large, on peut, en attachant trois points de la tour de telle maniere qu'on voudra, fur une ligne droite, faire (fur le plan rapporté), paffer la circonférence de la tour par ces trois points.

Fig. 10. Si la tour eft environnée d'un foffé, de maniere qu'on ne puiffe prendre au-dehors les moyens d'en déterminer le centre, & de le lier au plan du château, on opérera dans l'intérieur de l'édifice. On tendra un cordeau qui rafera l'un des côtés de la porte de la tour, & qui ira d'un point B, pris dans l'intérieur de cette tour, à un point fitué fur un des côtés de la piéce

qui

qui la prendra ; on mesurera la longueur de cette ligne A B & les trois côtés des triangles A G F, B D E, ainsi que la distance G E de ces deux triangles ; on marquera exactement sur son brouillon toutes ces mesures, & ayant rapporté ces opérations, on fera passer la circonférence d'un cercle par les trois points E D B du triangle ; on trouvera le centre C, (*fig. 11.*) duquel on décrira un second cercle pour l'épaisseur du mur. Si la tour est inaccessible & couverte par un toit, dont la flèche qui est au sommet répond au centre, on attachera ce point sur une base A B, prise à volonté avec le graphomètre ou la boussole, & pour avoir la largeur de la tour, on jettera une ligne B D tangente à la tour ; on déterminera aussi, de la même maniere, quelques points du mur où s'attache la tour.

Après avoir rapporté les opérations sur le papier & formé l'angle C B D, on abaissera du point C une perpendiculaire sur la ligne B D ; ce qui donnera C O pour rayon de la tour, ou on prendra la distance C M. Si la tour n'est pas couverte, on fera ensorte de déterminer trois points sur sa circonférence, (*figure 12.*)

Fig. 12. Dans l'intérieur d'une tour, on pratique communément un rectangle

G

ou un poligone quelconque , on aura fon centre en tirant les diagonales a b & d e des angles oppofés , & le point C d'interfection fera le centre de la tour ; du centre mefurant la ligne c m jufqu'au dehors de la fenêtre , on aura le rayon de la tour, & on l'attachera avec le corps du bâtiment comme il eft dit ci-deffus. Avant que de quitter le terrein , on fera l'infpection de fon brouillon pour reconnoître fi l'on a pris toutes les mefures néceffaires pour pouvoir rapporter le plan fans y rien omettre ; faute de cette précaution, on fe trouve arrêté lors du rapport , & on eft obligé de retourner fur le terrein pour prendre les mefures oubliées.

Fig. 7. *&c.* Pour rapporter ce plan , comme on ne s'eft fervi que de la toife & du cordeau , on ne fe fert que de la régle & du compas ; on prend fur une échelle tranfverfale les mefures cottées fur le brouillon ; on fait les mêmes opérations fur le papier que celles que l'on a faites fur le terrein. On marque les lignes au crayon , & lorfque tout le plan eft rapporté, on met au trait ces différentes parties comme il eft dit au lavis des plans.

I V.

Lever le plan d'une redoute ou d'un retranchement quelconque & le représenter sur le papier.

Cette opération se fait sans instrumens & avec instrumens. Pour la faire sans instrumens, il faut s'être habitué à régler son pas, soit de deux ou trois pieds. Cette méthode de mesurer est d'une grande ressource à la guerre, & on est souvent obligé d'en faire usage : quoiqu'on ne puisse compter absolument sur une mesure au pas qui ne donne que des à-peu-près, cependant cela suffit ; car il importe peu au Général d'une armée de savoir la grandeur d'une redoute, à quelques pas plus ou moins, pourvu qu'il puisse juger ce que cette redoute peut contenir d'hommes.

Lorsqu'on rapporte le plan, soit d'une bataille, soit de l'attaque ou de la défense d'un poste quelconque, que l'on a levé à vue, & en mesurant au pas ; on met toujours son plan sur une échelle d'environ 6 ou 8 lignes, ou un pouce pour 100 toises, afin d'embrasser plus de terrein, & pouvoir faire voir d'un coup d'œil les détails des manœuvres, ainsi que ceux du terrein ; alors quelques pas, plus ou moins, ne sont pas sensibles sur une pareille échelle, & un plan peut toujours paſſer pour exact ; on peut être aſſuré , avec un peu d'habitude , de ne pas errer d'une toiſe ſur vingt. On peut auſſi meſurer une ligne au pas du cheval : le cheval a ordinairement le pas très-réglé ; il eſt fort aiſé de le connoître, & on s'en ſert avantageuſement dans différens cas dont il ſera parlé ci-après.

On fait ſur ſon papier une échelle à vue de 30 pas ; on figure la redoute le plus exactement poſſible. (*Fig.* 14.) On meſurera au pas les côtés de cette redoute & la diagonale B C ; ſi cette redoute eſt un quarré parfait, il ſuffit de meſurer un des côtés ; on meſurera auſſi les largeurs des talus des terres du parapet & du foſſé , ainſi que les hauteurs de ces talus , ſi on veut en avoir le profil. On ne peut avoir un profil exact par appréciation , il faut avoir une meſure déterminée.

Fig. 15. Si on a un redan à flanc régulier , & dont les flancs ſoient perpendiculaires ſur la gorge , on meſurera ſeulement les lignes D A, D M, M B. Si ce redant eſt irrégulier, on meſurera le contour A B C D E, (*fig.* 16.) & les diagonales A C, C E, ſoit au pas ou à la toiſe ; on pourra enſuite avec ces meſures rapporter ſon plan ſur le papier. Lorſque des redoutes ſont garnies d'un ou pluſieurs rangs

de paliſſades, d'abatis, de puits, on figure
ces choſes ſur ſon brouillon, ainſi que la
nature du lieu où la redoute eſt ſituée,
afin de pouvoir exprimer quelle eſt ſon
utilité. Si on a une bouſſole, on déclinera un de ſes côtés pour faire connoître,
relativement aux autres parties du plan,
quelle eſt la direction de ſes feux. S'il ſe
trouve dans un retranchement quelques
obſtacles qui empêchent qu'on ne puiſſe
meſurer les lignes néceſſaires pour avoir le
plan de ce retranchement. Aux extrémités
d'un des côtés quelconques A E ou C D
qu'on meſurera, on poſera la bouſſole, &
on déclinera les rayons viſuels qui aboutiſ-
ſent des extrémités de cette ligne à tous les
angles de la figure ; ſi ces angles ne s'apper-
çoivent pas ſenſiblement, on y poſera des
piquets pour les reconnoître.

Fig. 17. Si le retranchement eſt un cercle, on meſurera le diamètre ou un triangle qui touche la circonférence.

Lorſque la fortification eſt compoſée,
par exemple, un front régulier (*Fig.* 18.)
dont l'entrée eſt couverte d'un redan,
ſi on n'a aucun inſtrument, après avoir
figuré la fortification avec toutes ſes
parties, on établira une ligne droite
A D X Y I ; on abaiſſera à vue des perpendiculaires des angles G K H ſur la ligne

A I; on mesurera, soit au pas ou à la toise, ces perpendiculaires & les distances. La perpendiculaire G X se mesurera par partie pour avoir les points T M : on mesurera G L aligné sur le point K ; L P aligné sur le point Q , dont on mesurera la distance au point M ou Y ; on mesurera ensuite les largeurs des fossés, talus, abatis, &c. ainsi que la largeur de l'entrée au point M. Si on a une boussole, après avoir figuré sur un brouillon la fortification, on plantera des jalons ou piquets à tous les angles, assez hauts pour être apperçus; on en plantera un au point M.... milieu de l'intervalle au point d'intersection de la ligne brisée. On plantera aussi un jalon au point E, point d'intersection des lignes B C & H K prolongées ; cette préparation étant faite, on mesurera les lignes E M, T G, G S, S U, B C & B A, & prenant la déclinaison des lignes E G, C D, U S, B C & B A sur le nord, on marquera leur valeur sur le brouillon; on fera la même chose sur l'autre partie du front, s'il est régulier, & on pourra ensuite rapporter le plan du trait magistral de cette fortification. Le trait magistral est toujours le côté extérieur du parapet, à moins qu'il ne se trouve quelque obstacle qui obligeroit de planter les jalons sur le côté intérieur du parapet ; tel côté que l'on prenne, on le marquera sur son brouillon, ainsi que les épaisseurs parallèles des parapets, terrepleins, talus, fossés & glacis, ou autres détails des ouvrages.

Pour rapporter cette figure sur le papier, on fera une échelle, on tirera une ligne A I indéfinie; on fera un angle de la quantité de degré dont décline le nord avec cette ligne, & la ligne qui formera l'angle fera celle qui indique le nord, à l'extrémité de laquelle on fera une petite fléche pour exprimer le côté du nord; dans cette figure la ligne A I est la même que celle du nord. On portera en toise de l'échelle les mesures données sur le brouillon de E M, M T, T G ; on fera des points E M G.... sur la ligne du nord, les angles de déclinaison indiqués sur le brouillon pour les petits objets.

A l'armée, où souvent l'on n'a pas le tems de faire toutes ces opérations, on figure la fortification à vue ; on fait ensorte d'exprimer exactement l'ouverture des angles, les défenses, les longueurs des lignes, soit en mesurant au pas ou par estimation, c'est alors que le dessein est d'un grand secours, car on n'approche de la vérité qu'en raison de l'habileté qu'on a acquise dans ce genre de travail en s'exerçant fur le terrein.

Lorfque le terrein eft irrégulier, ainfi que la fortification, il faut avoir bien pratiqué pour bien rendre ces différens objets, qu'il eft fouvent très-effentiel d'avoir exactement.

Fig. 19. Si la fortification eft embarraffée en dedans, foit qu'elle foit attachée à un village, à un bois, ou autre terrein de difficile accès, on opérera en-dehors. Alors on établira une bafe quelconque; des extrémités de cette bafe, ou de différens points pris fur cette bafe, on fe dirigera fur les piquets plantés à tous les angles, foit avec un graphomètre ou une bouffole, & on rapportera la figure comme nous avons dit ci-devant au problême I.

Lorfque le front ne peut fe déterminer fur une feule bafe, on prend une autre bafe pour continuer fon opération, foit qu'on fe tranfporte fur le même alignement ou que l'on tourne autour d'un pofte, on liera toujours enfemble les lignes prifes pour bafes avec des angles pris fur des points de ces lignes, fi elles font différentes.

Les détails des talus & épaiffeurs s'exprimeront comme il a été dit ci-deffus.

V.

*Lever le plan d'un chemin, du bord d'une ri-
viere, d'un ruisseau, d'une haie, & le représenter sur le papier.*

Fig. 20. Soit un chemin irrégulier,
bordé en partie de haies & de fossés, dont
on veut avoir le plan jusqu'à la moindre
particularité, on plantera des jalons aux
points M A B C N, ces points détermineront des lignes droites.

On prendra avec un graphomètre les
angles que forment ces lignes ; on écrira sur
le brouillon figuré du chemin, la valeur
des angles, à toutes les sinuosités sensibles
r ; des deux côtés du chemin, on abaiffera des perpendiculaires R O sur les lignes
M A, A B, B C ; on mesurera avec beaucoup de précision les distances des perpendiculaires & leur longueur, qu'on écrira sur
le brouillon, ayant la plus grande attention
de ne se pas tromper. En figurant le détail
des opérations, s'il se trouve des détails qui
faffent partie du chemin, soit dedans ou
dehors, on les attachera de même sur les
lignes, en prolongeant les perpendiculaires
jusqu'aux points S ou D, & mesurant les
distances r s D, r F, &c. On déterminera
les sinuosités du ruisseau ou du rideau D F S,
ou d'autres détails qui se trouveroient à

porté du chemin. Si les points D & F étoient à une longue diftance du chemin, l'on pourroit éviter les mefurages, en faifant les angles O B D, F B O qui les détermineroient ; lorfqu'on a mefuré les lignes A B, B C en détail, pour être affuré qu'on ne s'eft pas trompé, on fait mefurer généralement fes lignes, & on additionne les petites diftances pour voir fi elles cadrent avec le tout, fi on s'eft trompé, on rectifie l'erreur. Il arrive quelquefois que fur une ligne A B.... prife en partie, qui peuvent chacune contenir des pieds & des pouces, ces petites parties toutes enfemble faffent un nombre plus grand ou plus petit que l'on auroit dans la mefure générale de A en B..... parce qu'en rapportant fon brouillon l'on fait fouvent le plan avec une échelle où les pouces ne font pas fenfibles. Ces petites erreurs multipliées caufent une différence ; pour y remédier, afin de ne pas diminuer ou augmenter la diftance des ftations, de la précifion defquelles dépend l'exactitude d'un plan, on déterminera les ftations avec les mefures générales, & on fera cadrer les petits mefurages fur les lignes.

Lorfqu'on a rapporté toutes les opérations d'un plan, & que tous les points font déterminés, on trace légérement au crayon les contours des chemins, des ruisseaux ou fossés, des escarpemens & autres objets qui s'y rencontrent. Comme il est impossible de déterminer géométriquement tous les points d'un terrein sur un plan, il faut alors que l'art supplée aux régles, être un peu dessinateur & caractériser la nature du pays en figurant le terrein sur son brouillon.

Fig. 21. On peut de même lever les sinuosités d'un ruisseau ou le contour d'une riviere, en établissant le long de son cours des lignes A B, C D, E F, sur lesquelles on élevera des perpendiculaires P N pour déterminer toutes les sinuosités; si la riviere forme une isle & qu'aux extrémités H G on puisse y planter deux jalons, on déterminera cette ligne par des angles pris aux points D & E; des bords extérieurs de la riviere, on abaissera des perpendiculaires N P qu'on mesurera, &c.

Si on n'a qu'une boussole, on déclinera les lignes A B , B C , C D, &c. sur lesquelles on déterminera par les perpendiculaires P N les contours de la riviere.

On peut aussi exécuter ce problême avec la boussole, comme il est expliqué *chap.* 1.er *prob.* 15 , *fig.* 29 & 30.

VI.

Lever le plan des rues d'une ville & le repréſen-ter ſur le papier.

Si le plan propoſé eſt celui d'une grande ville, on commencera par re-connoître les principaux édifices, comme clochers, maiſon-de-ville, gouvernement, magaſins, portes, &c. On choiſira enſuite un lieu propre à établir une baſe de la-quelle on puiſſe appercevoir les points ou ſommets des édifices ci-deſſus énoncés ; on fera un canevas de ces points principaux comme il eſt dit au *probléme 13, fig. 24.*

Cette préparation faite, on diviſera la ville en trois ou quatre parties plus ou moins, ſuivant ſa grandeur, & on levera chaque partie l'une après l'autre, que l'on rappor-tera avec une échelle ſur le plan de poſi-tion ; ces différentes parties ſe partagent ordinairement par les principales rues. On leve les rues avec beaucoup de ſoin, & dès qu'elles ſont déterminées & rapportées ſur le plan, les détails renfermés entre ces rues ne ſont pas difficiles à aſſembler. Pour les opérations qui ſe font dans les grandes rues, on s'y prend à la pointe du jour pour éviter l'embarras que l'on rencontre dans les grandes villes. Quelquefois on fait auſſi ces opérations au flambeau pendant la nuit ;

comme on ne peut enfoncer des piquets à cause du pavé, on se sert de piquets qui se posent sur trois branches; ces piquets sont fendus par le haut pour y mettre un petit carton blanc, si c'est de jour que l'on opére, où le sommet est ajusté de maniere qu'on puisse y ajouter un bout de flambeau si on opére la nuit. Comme ces piquets sont posés sur trois pieds, on a la plus grande attention que le sommet réponde parfaitement au point où la perpendiculaire le suppose.

Soit une ville irréguliere dont on veut lever le plan des rues.

Fig. 22. On fera une enceinte A B, C D, E I, F G avec des piquets comme il est dit ci-dessus. On prendra les angles intérieurs avec un graphomètre; on ajoutera la valeur de ces angles, qui pris ensemble sont égaux à dix angles droits. Le poligone ayant sept côtés, on mesure ses côtés généralement, puis en détail le long de chaque rue, comme il est dit au problème précédent: on abaissera sur ces lignes des perpendiculaires de tous les angles ou de tous les points nécessaires pour déterminer les différens contours des maisons & des rues, on se sert des allées ou des passages à travers les maisons qui communiquent à quelques grandes cours, à quelques bâtimens particuliers, ou à des jardins dont on veut avoir le détail. Si ce paſſage tombe perpendiculairement, on meſure ſur cette ligne prolongée, autant qu'on le peut, les détails qu'on peut appuyer deſſus. Si la ligne eſt oblique, on prend l'angle qu'elle fait avec une des lignes du poligone, & on y attache les détails que rencontre cette ligne, ſoit cours, maiſons ou jardins, &c.

Lorſqu'on veut voir les détails des maiſons, cours ou jardins d'une ville, on procédera ainſi, en prenant chaque poligone l'un après l'autre ; on peut attacher, ſur les côtés de ce poligone, le rempart, les tours, les portes, talus, poternes & autres objets qui forment l'enceinte d'une ville. Lorſqu'on a de longues opérations, & qu'on ne peut laiſſer les piquets ou jalons plantés, comme il arrive toujours dans les villes, on remarque la place ; par exemple, ſoit le point G dont on veut déterminer la poſition, on meſurera les diſtances a G & G b, qu'on marquera ſur ſon brouillon, & lorſqu'on voudra retrouver ſon point, on l'aura auſſi – tôt. On fixera de même tous les autres points en les attachant à des objets fixes ; ainſi ayant reconnu les points D E L, on meſurera le poligone D E L M N, ſur les côtes duquel on attachera les détails intérieurs ; on procédera de même au poligone G S Q E I F ; & ainſi de ſuite, en formant tous les autres de la même maniere.

On peut, lorſqu'on en a le loiſir, exécuter ce problême à la planchette, on a l'avantage de former ſon plan tout de ſuite ; ſi l'on fait erreur on s'en apperçoit, & on peut la rectifier ſur le champ ; c'eſt le meilleur moyen de lever une ville en pays plat.

On ne doit jamais lever des villes avec la bouſſole ; on ne peut s'aſſurer des opérations, parce que le fer qu'on rencontre la fait varier.

A l'armée, lorſqu'on ne peut faire aucune opération ni meſurage que par appréciation, on commence par reconnoître les rues principales & le contour de la ville, afin d'avoir dans ſa tête l'enſemble du plan qu'on veut former ; on figure les rues principales ſur une échelle qu'on ſe donne à vue. Comme ces ſortes de plans ſe rapportent ſouvent ſur une petite échelle, on n'eſt pas attentif aux petits objets, à moins qu'ils n'intéreſſent abſolument ; & lorſqu'on a de l'uſage dans cette partie, on approche ſenſiblement de la vérité, ce qui eſt ſuffiſant.

VII.

Lever le plan du cordon , ou de l'enceinte d'une place fortifiée, & le repréfenter fur le papier.

Fig. 22. Soit une ville fortifiée à l'antique , enveloppée de murs , flanquée de tours rondes ou quarrées , qui toutes enfemble compofent ce qu'on nomme *cordon de la place* , dont on veut tracer le plan.

On choifira deux points élevés , defquels on pourra appercevoir tous ceux dont on a befoin , ou au moins le plus grand nombre , comme feroient les points 1 & 7 fur deux tours ; on fera planter deux piquets ou perches qui puiffent être apperçus des deux extrémités d'une bafe qu'on mefurera exactement ; pour déterminer les deux points 1 & 7 ; de ces deux points , on prendra tous ceux que l'on pourra appercevoir , & on en fera un canevas fur l'échelle avec laquelle on rapportera le plan , comme il eft dit *chapitre 1.ᵉʳ problême 12 & 13.*

Lorfque les points principaux du contour d'une ville font déterminés , on attache entre ces points les murs des remparts , ainfi que tous les détails qui les concernent , comme rampes , efcaliers , poternes , on y

attache

attache enfuite le foffé & les points par des
mefurages. Si on ne peut affembler tout
ce qui fe trouve (quelquefois) fous les remparts) qu'avec quelques opérations au graphomètre ou à la bouffole , on attachera
toujours ces opérations fur des points déterminés. Ces points doivent fervir d'appui pour attacher toutes les opérations que
l'on pourroit faire pour compofer le plan ,
foit du dedans de la ville ou de fes dehors.

Si on eft parvenu à déterminer , avec les
points de l'enceinte de la ville , quelques
points principaux du dedans , comme feroient les points 12, 13, 14 & 15 , ils fer-
viront de même d'appui pour affurer la
pofition des rues, ou de preuves à l'exactitude de l'enfemble du plan.

Fig. 23. Si la fortification eft moderne ,
on établira des lignes par les points A B
C D parallèles aux courtines ou poligones
intérieurs qu'on mefurera exactement ; on
plantera des jalons aux angles du flanc , de
l'épaule, & flanqués, des baftions, aux points
O C F ; on prendra les angles indiqués
pour déterminer ceux du baftion , la longueur des flancs & des faces.

S'il fe trouve dans le baftion quelques
obftacles qui empêcheroient les rayons vifuels de ces angles , comme feroit une tra-
verfe , un cavalier , un magafin à poudre ,

H

on prendra les angles A P S, O Q X formés par les flancs prolongés, & les lignes
A P & Q O. On mesurera ensuite les lignes P R, S Y, X T & T Q, & on aura
fait toutes les opérations nécessaires, pour
(avec une échelle & un rapporteur) déterminer le cordon ou l'enceinte demandée.

V I I I.

Le cordon ou l'enceinte d'une place fortifiée étant
donné sur le papier, lever les dehors, comme
les demi-lune, contregarde, chemin-couvert,
&c. ainsi que les détails de ces ouvrages,
comme terre-plein, talus, rampes, poternes,
communications, & rejoindre ces ouvrages au
plan donné sur le papier.

Fig. 24. Soit donné le cordon A B C
D E F régulier, d'un front de fortification
auquel on veut attacher les détails jusqu'à
la campagne entre deux capitales des bastions X & Z.

On tracera le cordon donné, sur le papier
qui doit servir de brouillon. Après avoir
reconnu le terrein, on figurera les ouvrages sur une échelle assez grande pour pouvoir exprimer les détails, y cotter les mesures & les opérations, soit au graphomètre ou à la boussole.

On fera planter des jalons aux points où
il sera nécessaire. Si la fortification étoit à

revêtement complet , la maçonnerie marqueroit affez les alignemens, & éviteroit la
peine de planter une quantité de jalons.

Lorfque la fortification eft en terre , on
ne peut fe difpenfer d'en mettre à tous les
angles, qu'il faut reconnoître fcrupuleufement. On trouve rarement le lieu véritable
où ces points doivent être , parce que l'affaiffement ou l'éboulement des terres les
dérangent. Si on leve le plan d'une fortification réguliere, & que les opérations ne
rendent pas le plan tel qu'il doit être , on
fait cadrer les ouvrages par le moyen des
capitales & des lignes de défenfes dirigées
des points d'où elles doivent partir, & on y
affujettit les parties du plan, à moins qu'on
ne voulût avoir le plan tel qu'il eft , foit
pour connoître les parties foibles ou qui
font de facile accès, ou pour connoître les
travaux qu'il y auroit à faire pour réparer
les ouvrages, foit à leurs angles ou fur le
prolongement de leurs faces, flancs , &c.
comme aux points M N E T.

Sur le cordon donné on mefurera B M
& N E, on prendra les angles A M G,
F N G qui détermineront l'angle flanqué
G.... On mefurera A K fur la capitale pour
avoir la largeur du foffé dans cette partie ,
& par le point E, près de l'angle de l'épaule
& une tangente à l'arc K.... on tirera une

ligne qui fera la contrefcarpe, & qui déterminera la face G H de la demi - lune ;
on mefurera I M pour avoir la largeur
du foffé de la demi - lune. Si la demi-
lune a des flancs, on mefurera D T, au
point T on prendra l'angle G T L, au point
N l'angle Q N F, & le flanc L Q fera
déterminé. Sur la face de la demi-lune au
point R.... prolongement de P V.... on
prendra l'angle G R P, on mefurera L R
& R S, on aura la face de la contregarde,
& fon foffé déterminé. Cette maniere de
lever par le prolongement des ouvrages
entre les capitales, en appuyant toujours
un ouvrage fur l'autre eft très-expéditive
& fort exacte. Comme on ne peut fe mettre fur les cordons des ouvrages pour prendre les angles que les autres ouvrages forment avec ces cordons, on fe mettra fur
le parapet à une diftance quelconque parallèle au bord extérieur du parapet, & en
rapportant les opérations fur le papier, on
y aura attention. Le chemin couvert eft
toujours une parallèle à la contrefcarpe des
derniers ouvrages à quelques toifes plus ou
moins, fuivant fa fituation ; les places d'armes rentrantes fe déterminent fur le prolongement des branches à la contrefcarpe
en mefurant les demi-gorges a b, a e &
les faces e d, b d. On mefure les diftances

des traverses, celles des coupures ou sorties dans le glacis, la largeur du glacis ; s'il se trouve dans les ouvrages des traverses, cavaliers, corps-de-garde, magasins ou autres bâtimens, on les attachera au cordon ou à la contrescarpe, soit par les prolongemens de leurs côtés, ou en formant des angles avec ces côtés & la contrescarpe ou la capitale de l'ouvrage ; on mesure aussi les épaisseurs des parapets, les largeurs des terre-pleins, des talus, les pas de souris, les rampes & les embrasures, de même que les guérites posées aux angles flanqués, &c.

Dans les fossés secs il y a des traverses, des caponieres, des cunettes dont on prend aussi les dimensions ; les ponts qui servent de communication aux ouvrages, ou pour sortir de la ville, ont des ponts-levis plus ou moins suivant leur étendue, à la tête, à la queue du pont, ou au milieu à l'entrée d'une tenaille ; quand on a exprimé nettement toutes ces choses, on fait la récapitulation sur le brouillon pour voir si on n'a pas oublié quelques mesures, quelques prolongemens ou quelques angles qui empêcheroient de rapporter le plan au cabinet.

Lorsqu'on rapporte les opérations qui servent à construire un plan de fortification , on compose l'ensemble des ouvrages, afin d'être assuré du parfait accord du plan avec le terrein ; on attache ensuite toutes les parties à chaque ouvrage en particulier; ce que l'on a fait pour un front peut se répéter de la même maniere pour tous les autres.

Lorsque la fortification est antique ou irréguliere, on la prend par parties, & les principales lignes qui les séparent doivent être parfaitement liées entr'elles.

Si le terrein est haut & bas, les ouvrages ont plus ou moins de talus. C'est une observation qu'il ne faut pas négliger, parce qu'on voit par les différences des talus les hauteurs des ouvrages, ce qui ne se distingueroit pas autrement sur le plan, à moins d'une note particuliere ou d'un profil.

On peut lever la fortification de différentes manieres ; lorsqu'on peut parcourir librement le dedans & le dehors, on établit des lignes, qui forment un poligone extérieur aux ouvrages ; de l'extrémité de ces lignes, soit avec un graphomètre, une boussole ou une planchette, on jettera des rayons sur les points principaux des ouvrages , il faut avoir deux directions sur chaque point. Comme on ne distingue pas aisément du dehors tous les points, on envoye un aide avec une perche d'environ

douze ou quinze pieds , & il la pofe alter-
nativement fur tous les points ; à chaque
pofe qu'il fait, l'obfervateur jette un rayon
vifuel fur la perche que l'aide doit toujours
tenir perpendiculairement , autrèment il
arrive des erreurs difficiles à corriger.
Lorfqu'on forme ainfi un poligone autour d'une place , il faut ajouter tous les
angles intérieurs qui doivent former enfemble autant de fois deux angles droits
qu'on peut former de triangles dans le poligone ; en tirant d'un de ces angles des
lignes à tous les autres , on peut encore ,
lorfque le terrein eft haut & bas, jetter des
rayons vifuels diagonalement à quelques
points de la circonférence du poligone.
Ces diagonales fervent de preuves aux opérations.

Un poligone ainfi établi fur le papier ,
les ftations bien marquées fur le terrein,
on procédera au refte du détail qu'on rapportera fur le plan de la même maniere
qu'on aura opéré fur le terrein , foit avec
la bouffole ou le graphomètre.

A l'armée on n'a pas toujours le loifir
de pouvoir mefurer & établir des opérations. Un Officier fe trouve fouvent déta-
ché dans un pofte grand ou petit, foit qu'il
commande ou qu'il foit fubalterne ; dès
qu'il a fait la reconnoiffance pour les chô-

ses relatives au service, il doit s'informer
dans ce lieu s'il n'y a pas quelques plans,
soit gravé ou dessiné ; on les trouve souvent dans les hôtels-de-villes, châteaux,
maisons considérables, ou chez quelques
artistes de l'endroit, alors on n'a plus que
quelques remarques particulieres à y ajouter. Si cet Officier n'a aucun secours que
du papier & du crayon, il figurera à vue,
en mesurant au pas & par appréciation, le
contour de la place ou du château, sur une
échelle assez grande pour tout y exprimer ;
il y joindra ensuite les dehors qui seront à
sa portée ; il exprimera les rochers ou escarpemens, les rivieres, batards-d'eau,
écluses, marais, &c. Il observera si la
place est susceptible de défense, soit en y
ajoutant quelques ouvrages en terre, palis-
sades ou maçonnerie ; si on peut y former
quelque inondation ; si elle est commandée ;
si elle se fournit d'eau d'elle-même, ou si
les eaux sont conduites par quelques aque-
ducs, où se placent les magasins, soit de
vivres ou à poudre ; quel parti on peut tirer des habitans, soit pour les travaux, soit
pour la défense, ou pour les provisions de
vivres. Si le Commandant d'un poste ou un
Officier particulier est assez libre dans le
pays pour pouvoir s'écarter, il ne doit pas
s'en tenir à la recoissance de son poste, il

faut qu'il y joigne celle qu'il fera des dehors, les communications de ce poste, ou
ceux qui font dans les environs, le moyen
de les affurer, foit par quelques redoutes,
foit en fortifiant quelques moulins, cenfes
ou maifons particulieres qui feroient dans
le chemin ou dans une fituation de laquelle
on puiffe tirer quelque avantagé.

Il arrive fouvent dans une campagne
qu'un pofte que l'on a déjà occupé l'eft enfuite par l'ennemi qu'il faut dépofter. S'il
s'eft trouvé dans ce pofte un Officier inftruit qui ait profité du tems qu'il y a féjour-
né, pour en faire une efquiffe appuyée d'un
bon mémoire relatif aux objets dits ci-deffus, alors un Général en tirera un grand
avantage, & évitera par ce moyen les fau-
tes que l'incertitude peut caufer.

On fait fouvent des préparatifs & des
dépenfes de munitions pendant deux jours
pour forcer des troupes à fortir le troifieme
d'un fort qui ne tiendroient pas plus long-
tems fi on ne faifoit que l'inveftir, & cela
faute de favoir la fituation du lieu, par
rapport au terrein, ou à l'impoffibilité qu'é-
prouve l'ennemi de pouvoir fe procurer des
vivres ou des munitions.

IX.

Lever le plan d'une cense & le rapporter sur le papier.

Pour lever le plan d'une cense on se sert rarement d'instrumens, parce que cet objet n'est pas ordinairement assez considérable pour exiger des opérations où il soit nécessaire de se servir de graphomètre ; on peut quelquefois, pour éviter les mesurages, faire usage de la boussole ; mais ce moyen est toujours (pour l'exactitude) le dernier dont on doive se servir, excepté à la guerre où il faut de la promptitude, sur-tout lorsque le plan est rapporté sur une si petite échelle, que les erreurs qu'on pourroit faire seroient insensibles.

Fig. 25. Lorsqu'on a le plan d'une cense à lever, on commence par examiner les bâtimens & les dehors qui en dépendent ; ont fait un brouillon sur une échelle assez grande pour pouvoir marquer les mesures des plus petites parties comme des plus grandes assez distinctement ; on peut prendre pour base telle ligne ou tel côté qu'on jugera à propos, pourvu qu'on puisse sur cette ligne en établir d'autres qui attachent les différentes parties du plan, lorsqu'on le rapporte, soit par les côtés des bâtimens, qui forment des diagonales, soit en élevant

des perpendiculaires avec le grand équerre
fur des lignes prifes le long d'un bâtiment,
d'un mur, à travers une cour ou un jardin, &c.

Dans cet exemple, la ligne A B eft prife
pour bafe ou premiere ligne, dont on eft
parti pour appuyer toutes les mefures en
commençant du point A, 3 toifes 6 pieds
pour la largeur de l'écurie; 3 toifes 2
pieds jufqu'à l'alignement du canal; une
toife 4 pieds jufqu'à l'encoignure du bâtiment, & ainfi de fuite jufqu'au point
B. Comme le côté M E du bâtiment eft
perpendiculaire fur A B, ce côté prolongé
fert de bafe pour appuyer les détails de la
cour, ce qui s'eft fait en mefurant la face
de la maifon par parties fur cette ligne
prolongée jufqu'en G. Pour déterminer le
point O, on a mefuré les prolongemens du
mur du colombier qui répond au centre de
la porte du verger; du milieu de cette porte
pris pour centre & de l'intervalle 17 toifes
2 pieds, on a décrit un arc du point N
pris pour centre; avec 13 toifes 4 pieds on
a décrit un autre arc, & le point O d'interfection a déterminé la pofition des deux
lignes. Sur la premiere font appuyées les
dimenfions du colombier, de la grange &
du hangard; fur la feconde N O, on a mefuré fon prolongement de 7 pieds à l'an-

gle du mur qui conduit à la porte : comme
la ligne H I est alignée sur cet angle , on
a mesuré sa longueur de 12 toises 2 pieds,
& pour déterminer sa position , on a mesuré
la diagonale H F ; de l'angle F du mur &
du point I.... on a décrit deux arcs , qui
s'étant coupés au point H , ce point a déterminé les faces des écuries ; comme ce
bâtiment a ses côtés parallèles , en mesurant
13 toises 3 pieds sur son prolongement ,
on a déterminé le point C de ce point pris
pour centre de l'intervalle 13 toises ; on a
décrit un arc d'un point pris sur A B à 4
toises 2 pieds du point M avec un intervalle
de 14 toises , prises le long de la haie qui
sépare le verger du canal ; on a décrit un
autre arc , qui ayant coupé le premier en
D , ce point d'intersection détermine les
deux lignes qui forment l'enclos du canal ;
après avoir mesuré le prolongement de la
maison sur lequel s'aligne un côté du jardin , & avoir déterminé par ce mesurage
le point G des points D & G pris pour
centre , on a déterminé le point E , & sur
ces deux lignes on a appuyé les parties du
verger.

On voit sur le brouillon , sans qu'il soit
besoin de le décrire , par les petites mesures portées , soit sur des prolongemens ou
alignemens pointillés , de quelle maniere on

s'y eſt pris pour aſſurer le reſte des petits objets qui compoſent le plan.

Lorſque l'on croit avoir pris toutes les meſures néceſſaires pour pouvoir rapporter le plan ſur le papier exactement ; avant de quitter le terrein , on examinera ſi on n'a rien oublié , & ſi toutes les opérations ſe lient aſſez de l'une à l'autre pour n'être pas embarraſſées dans le rapport.

Comme on figure ſon brouillon avec du crayon , & qu'on y marque de même les meſurages , la premiere attention qu'on doit avoir eſt de mettre le brouillon & les meſures à l'encre dès qu'on eſt arrivé chez ſoi, parce qu'on a dans la mémoire ce que l'on vient de faire; on pourroit reſter quelques jours ſans rapporter ſon brouillon; mais le mieux eſt toujours de le faire tout de ſuite. Un deſſinateur qui figure un ter-rein , & qui veut en exprimer la nature , ſoit talus , ravins , contour des ruiſſeaux , ou autres choſes qui en caractériſent la ſituation , a beaucoup d'avantage lorſqu'il fait la copier. Il n'a pas beſoin de pren-dre nombre de petites meſures pour avoir des contours qu'il faut néceſſairement dé-terminer lorſqu'on n'a pas cette reſſource.

Dans le commencement, ou lorſqu'on n'eſt pas bien au fait, on multiplie les opé-rations ſans néceſſité, l'uſage apprend à les

simplifier ; il vaut mieux en faire de plus,
qu'une de moins ; une opération alors sert
de preuve à l'autre. Lorsqu'on est familier
avec toutes ces opérations, la maniere de
lever un plan à vue, en mesurant au pas ou
à cheval, n'est presque plus rien. On s'habitue en levant à figurer ou dessiner à la
main sur le papier posé sur un petit carton,
& on acquiert insensiblement l'aisance nécessaire pour ce genre de travail qui est
de la plus grande utilité à la guerre. Tel
plan qu'on rapporte sur le papier, il faut
toujours avoir l'attention de l'orienter, en
marquant une fléche du côté du nord ou
une fleur de lys. On dispose les cartes
de maniere que le nord soit le haut de
la carte ; mais dans les plans particuliers
on ne suit pas toujours cette méthode. On
présente un plan du côté où le dessein paroît
le plus agréable ; s'il y a des rivieres, on
fait en sorte que leur courant vienne de
gauche à droite. On préfere encore de tourner le plan de sorte que la plus grande
partie des eaux se trouve au bas du plan.

Si dans un plan il se trouve une petite
ville, un bourg, ou quelques parties qui
fassent masse sur le plan, on fait ensorte
qu'elles se trouvent au bas ; ces choses sont
arbitraires & au goût de celui qui dessine,
lorsqu'il a le loisir de dessiner proprement son

plan & que rien ne l'oblige d'agir différem-
ment. Dans les plans militaires on met les
manœuvres des troupes ennemies au haut
ou à gauche ; s'il y a des retranchemens
ou des lignes attaqués, ces retranchemens
font toujours face au bas de la carte, parce
qu'on les fuppofe voir du dehors.

X.

*Lever le plan de plufieurs cenfes enfemble & les
repréfenter fur le papier.*

Fig. 26. Soient les trois cenfes C D E &
le moulin M dont on veut avoir le plan, on
commencera par parcourir le terrein pour
le reconnoître, on choifira un lieu entre
ces cenfes, aux environs, où l'on puiffe établir une bafe pour déterminer leurs diftances refpectives, foit avec un graphomètre
ou une bouffole, & même fans inftrumens
par le problême 5, *fig.* 7. Dans ce cas, il faut
trouver non feulement les diftances, mais
auffi la fituation que chaque maifon occupe
fur le terrein; pour cet effet, il ne fuffit pas
de reconnoître la diftance d'un point, il en
faut deux fur une même ligne, en évitant,
le plus qu'on pourra, la multiplicité d'angles;
fi on a une bonne bouffole, après avoir
décliné les directions à un point de chaque
cenfe, on fe tranfportera à la maifon fur
laquelle on obferve le point, & on décli-

nera un côté de cette maison, dont on mesurera la distance perpendiculaire au point
obfervé, c'eft la méthode la plus fimple &
la plus expéditive. Lors même qu'on prend
les angles avec un graphomètre, on décline
toujours la bafe avec la bouffole du graphomètre pour orienter le plan. Si cette bouffole étoit affez grande pour qu'on pût fe
fier aux opérations qu'on feroit avec, on dé-
clineroit un des côtés de chaque cenfe ; mais
comme il arrive toujours qu'avec un graphomètre de huit pouces de diamètre la
bouffole eft trop petite pour faire des opérations juftes, on ne s'en fervira que pour
orienter le plan, lorfqu'on n'eft pas fufceptible de quelques différences, autrement on
feroit obligé de tracer une méridienne pour
affujettir les quatre points cardinaux du
plan.

Si on n'a qu'un graphomètre, on tàchera
d'établir, comme dans cet exemple, la bafe
A B.... fur le prolongement d'une ligne
droite qui faffe partie de la cenfe E ; lorfque cette ligne s'attache au bâtiment comme
H I, on n'a pas befoin d'autres points pour
en déterminer la fituation ; lorfque c'eft une
ligne qui s'accroche par différens détails
comme F G.... de la cenfe C, pour plus
d'exactitude, on attache un point de cette
cenfe à la bafe A B. Si en prolongeant la
bafe

bafe A B jufqu'en X on fe rencontroit fur le prolongement du bâtiment K du moulin , on prendroit l'angle A X K, & on mefureroit le prolongement B X. Si on peut appercevoir un des angles du mur, des points A ou B, on jettera une direction à ce point , & par ce moyen on aura la fituation du moulin.

Si on ne peut déterminer aucun alignement comme à la cenfe D, on choifira deux points P Q.... foit fur le fommet de la maifon, aux extrémités d'un toit, foit aux extrémités d'un mur, & alors on a la pofition de la maifon. Comme il arrive que ces fortes de lignes font très-courtes ; il ne faut compter deffus que lorfqu'on ne peut faire autrement , parce que la plus petite différence , même une différence infenfible dans les angles , change confidérablement la pofition d'une petite ligne, & c'eft fur cette ligne que fe conftruit tout le détail & l'enfemble de la cenfe. Pour plus d'exactitude, on peut planter un jalon Y... fur le prolongement Q P, & on déterminera de la bafe, fa pofition. On peut encore, pour vérifier fi le plan eft jufte, prendre l'alignement Z d'un côté du bâtiment D... & mefurer fur le terrein le point où aboutit cet alignement fur le mur K du moulin ; fi la même mefure fe trouve fur le plan , c'eſt la preuve la plus complette que l'on puiſſe avoir que l'on a bien opéré. Lorſqu'il ſe trouve une grande différence , il faut néceſſairement y remédier ; ſi la différence eſt petite, on peut la négliger : car il eſt preſque, pour ne pas dire impoſſible, de ſe rencontrer point pour point dans un plan chargé de ſi petits objets. Les diſtances & la ſituation des cenſes étant rapportées ſur un cannevas (même ſi on veut les points principaux du terrein qu'on aura pu déterminer ſur la baſe, comme h R L….) on meſurera les parties de chaque cenſe comme il eſt expliqué au problême précédent ; on les rapportera enſuite , & il faut que ces parties rencontrent exactement les points donnés par les grandes opérations. Lorſque la différence eſt petite , on n'y a pas égard, & on fait cadrer le détail qui eſt plus ſuſceptible d'erreurs à cauſe de la quantité de meſurages ; les ruiſſeaux, rivieres, chemins , &c. s'aſſujettiſſent de même aux points principaux, & ſe levent comme il eſt dit au *problême* 5 , *fig.* 20 & 21.

A l'armée on n'a pas le loiſir de faire toutes ces opérations ; le grand uſage de figurer le terrein, d'appercevoir les diſtances au coup d'œil , ou meſurant à ſon pas ou à celui de ſon cheval, eſt le ſeul moyen avec lequel on puiſſe repréſenter un plan.

On commence par reconnoître le pays, foit
en fuivant les chemins, les rivieres, ruif-
feaux, &c. en fe tranfportant fur des montagnes, defquelles on puiffe appercevoir
l'enfemble du terrein qu'on embraffe ; lorfqu'on fe l'eft bien mis en tête, on commence par un bout qui doit toujours être un
objet principal de fon terrein, & on fe
forme une échelle idéale, fuivant la grandeur
du papier que l'on veut qui foit occupé par
le plan Je fuppofe, par exemple, que l'on
veuille faire occuper fur un pied de long un
terrein d'une demi-lieue de 1200 toifes ,
on fera à la tête de fon papier une ligne de
trois ou quatre pouces, chaque pouce re-
préfentera 100 toifes, la dixieme partie du
pouce 10 toifes , & au coup d'œil on marquera fur fon brouillon la grandeur des
parties qui repréfentent le terrein. Il eft
fur le terrein des objets peu effentiels à la
guerre & qui deviennent minutieux ; l'é-
chelle fe trouvant trop petite pour les exprimer, on les fupprime ; car on n'a befoin
fouvent que de l'enfemble , ainfi on agira
fuivant les circonftances. Lorfqu'on figure
une cenfe , on deffine l'enfemble de fes bâtimens, cours & jardins ; fi on en a plufieurs, comme dans cet exemple, on s'attache (après avoir marqué en gros les maifons & jardins) à y joindre , proportion

gardée avec l'échelle, les chemins, ravins, pentes, ruisseaux, ponts, gués, &c. avec tout ce que permet l'échelle du plan. Un plan fait sur une plus petite échelle exige encore moins de soins, & on ne met les censes ou maisons particulieres qu'en masse; on peut, avec un peu de soin, marquer tout ce que présente le terrein sur une échelle d'un pouce pour 100 toises, & un Général peut tirer tout le parti possible pour ses opérations militaires d'un plan fait avec soin sur une échelle de cette grandeur, soit pour la disposition d'un fourage, d'une marche, l'établissement d'un camp, d'un siége, d'un cantonnement ou d'un quartier d'hiver. Si on n'a pas le loisir de lever un plan avec tout le détail qui seroit nécessaire, & que l'on soit obligé de s'en tenir à une reconnoissance générale, (ce qui s'exprime sur une petite échelle,) quand on rencontrera des censes, châteaux, villages, ou autres lieux propres à établir un poste par leur situation, on ne négligera pas d'en prendre à part le plus de détail qu'il sera possible.

Dans un village, on s'attache à figurer l'ensemble des rues, les principales maisons, l'église, le cimetière, le château, s'il y en a : dans un bourg, l'ensemble des murs, les défenses des portes, les commande-mens, les places : on fait des remarques

en paſſant ſur l'avantage ou le déſavantage
de la ſituation du poſte & de la nature du
pays; car ſi c'eſt un terrein dur, pierreux,
aride ou ſabloneux, il eſt moins ſuſceptible de défenſe qu'un terrein d'une denſité
maniable; plus on peut prendre de détails,
plus on approche du véritable but. L'habitude de ce travail préſente dans tous les cas,
à un Officier qui s'en occupe, mille reſſour-
ces qu'on ne peut expliquer ici.

X I.

Réduire un plan de grand en petit, le transfor-
mer de petit en grand, ou le changer de gran-
deur, ſuivant un rapport donné.

Fig. 27. Ce problême s'exécute de différentes manieres; celle dont on fait uſage
communément, comme la plus expéditive,
ſe fait par les quarrés; on peut réduire un
plan par ce moyen à la derniere préciſion,
lorſqu'on voudra y donner un peu d'attention.

Lorſqu'on doit rapporter un plan chargé
de détails ſur une petite échelle, il faut
choiſir une échelle aſſez grande pour n'être
pas gêné dans le premier rapport des petites
meſures; enſuite on partagera le plan rapporté en quarrés parfaitement égaux & d'une
grandeur convenable, c'eſt-à-dire, qu'il ne
faut pas qu'un grand quarré contienne une

trop grande quantité de chofes qu'il feroit difficile de rapporter proportionnellement dans un petit ; enfuite après avoir déterminé la grandeur dans laquelle on veut réduire fon plan, on partagera cette furface en autant de quarrés égaux que le premier plan en contient; on fera une échelle tranfverfale de même proportion, c'eft-à-dire, que les côtés de chaque petit quarré aient (*fig. 28.*) la même quantité de toifes de cette échelle, que chacun des grands quarrés contient de toifes du premier plan.

Lorfque l'échelle du plan que l'on veut réduire eft le double du plan réduit, les opérations font beaucoup plus faciles qu'avec toute autre proportion. Avant de faire aucune opération, on cottera des lettres aux quarrés correfpondans des deux plans, afin de ne pas mettre dans un quarré ce qui appartient à l'autre.

Si on veut, par exemple, déterminer la pofition du point X, on verra qu'il appartient au quarré correfpondant des lettres F T... on mefurera la diftance au point O... que l'on marquera en même proportion dans le petit quarré; il faut avant avoir déterminé la pofition de la haie par les deux points Z Y.... fur les côtés des quarrés. Il fe trouve fouvent des petits objets dans une partie du quarré, qui ne tiennent à aucun côté ; on les déterminera facilement , en prolongeant un ou deux de leurs côtés juſ-que ſur les lignes du quarré auxquels ils appartiennent.

A l'armée, cette réduction ſe fait au coup d'œil , & on s'amuſe peu à meſurer ; un peu d'uſage du deſſein ſuffit pour être bien-tôt au fait de ce travail, qui eſt très-aiſé.

On peut, par ce moyen, copier un plan ou une carte très-exactement , en faiſant au crayon des quarrés très-égaux avec des lignes très-fines, & d'une qualité de crayon qui s'efface aiſément , lorſque le plan eſt mis au trait.

Fig. 29. Quand on eſt pourvu d'une bonne carte du pays où l'on fait la guerre, on fait uſage avantageuſement des carreaux pour faire la reconnoiſſance d'un pays ; pour cet effet , on doit s'être pourvu de papier à la ſerpente, partagé en petits car-rés ; on applique ce papier ſur l'endroit de la carte que l'on veut reconnoître ; on calque à l'encre toutes les poſitions qui y ſont indiquées, les chemins , les rivieres , ruiſſeaux, montagnes, bois , &c. comme feroit la *fig.* 29. On met les poſitions ſur un papier compoſé d'autant de carrés plus grands , & d'une proportion convenable aux détails du pays que l'on veut avoir ; ces poſitions ſe marquent légerement au

crayon. Muni d'un pareil brouillon, on
commencera par reconnoître, au coup
d'œil, si les points principaux indiqués paroissent justes, ce qui s'apperçoit aisément,
en observant, par comparaison, les distances des différens lieux ; s'il y a erreur trop
considérable, on la rectifie, ce qui se fait
en observant les hauteurs voisines, en com-
parant par le tems de parcours les distances des lieux dans les pays couverts, en
s'alignant sur plusieurs objets de différens
côtés ; car il ne suffit pas de les observer
d'un seul côté pour en avoir une idée
exacte. Ensuite on parcourra les chemins
d'un lieu à un autre, en marquant ce qui
se trouve sur le passage ; on s'écarte à droite
& à gauche du chemin, soit pour se porter
sur les hauteurs & examiner le pays, soit
pour marquer les bois, ravins & ruisseaux.
Lorsqu'il est possible d'avoir un guide avec
soi qui connoît parfaitement les lieux, on
écrit le nom des principales hauteurs,
des bois, le nom des lieux où les chemins
aboutissent, ceux des ruisseaux, des ponts
le long des chemins ; on représente dans
les villages, les rues, le cimetière, les principales maisons ; on écrit à côté du village
le nombre des maisons ou des feux qui
composent le lieu ; on exprime autour des
maisons l'ensemble des vergers & jardins,

ſans ſe donner la peine de les faire chacun eu particulier, à moins que quelques raiſons particulieres n'y obligent ; en parcourant ainſi un pays , on en aura bientôt reconnu les choſes les plus eſſentielles , dès qu'on a pour point d'appui des poſitions exactes. Si le tems ne permet pas de deſſiner les villages & maiſons, comme la *figure* 30 l'indique aux villages de Revelle & Voray, où ſont les moulins, maiſons de la ferme , & de la tour des champs, on ſe contentera de marquer leurs poſitions en élévation , comme ceux de Porto, Villé & Vannes l'indiquent , obſervant d'en faire partir les chemins des côtés où ils ſe dirigent, d'y mettre, autant qu'il eſt poſſible, le contour des ruiſſeaux ou rivieres , s'il s'en trouve , des montagnes qui les bordent. Les lieux qui ſont ſitués de maniere à établir un poſte, comme ſeroient, dans cet exemple, la pa-péterie, le cimetière St. Roch, & le mou-lin à vent , doivent être détaillés avec le plus grand ſoin poſſible , parce que ces endroits peuvent ſervir de points d'appui à quelques opérations, ou manœuvres utiles à une troupe qui ſeroit obligée de défen-dre cette partie. Une carte générale, comme la *figure* 29 le fait voir , ne donne qu'un point pour les différens lieux, quelques touffes de bois ou contours généraux des

montagnes , des cours de rivieres & ruiſſeaux ſans détails , le chemin droit des principaux endroits , les cenſes ou les maiſons
aux champs , comme châteaux ou hameaux
ne s'y trouvent pas , & la plus grande partie des cartes ne peuvent être plus détail-
lées , vu la petiteſſe de leurs échelles ; ainſi
un Général n'avance dans un pays avec une
pareille carte qu'en tâtant , par conſéquent
il ne peut être aſſuré de la réuſſite d'une
petite manœuvre par le calcul du tems &
des difficultés , n'ayant pas connoiſſance du
nombre d'obſtacles que ſa troupe peut
rencontrer.

On voit , par ce problême , non ſeulement
la néceſſité de ſavoir le deſſein , mais que
ſi on a un peu d'uſage à meſurer au pas , à
pied , à cheval , ou juger des diſtances par
appréciation , qu'on tirera dans tous les
cas un meilleur parti de ſon travail.

X I I.

*Lever le plan d'un terrein inacceſſible , entre les
limites duquel on ne peut meſurer ni tracer
aucunes lignes droites , en ſuppoſant qu'on
puiſſe meſurer toute ſa circonférence.*

Fig. 31. Pour avoir le plan d'un terrein
inacceſſible , ſoit avec inſtrumens , ſoit qu'on
n'en ait point ; avec des piquets ou jalons

bien droits, on tendra des lignes qui forment enfemble un poligone de la moindre quantité de côtés qu'il fera poffible, afin d'éviter la multiplicité des angles. Les lignes déterminées, on abaiffera de toutes les courbures fenfibles, ou angles qui forment le contour du bois fur ces lignes, des perpendiculaires, comme BC, PY, HO, &c.

On mefurera enfuite exactement les perpendiculaires & leurs diftances, &c. On prendra les angles du poligone, & avant de quitter le terrein, on vérifiera fi la fomme des angles égale celle des angles droits qu'il doit contenir, par ce moyen on fera affuré fi les angles font pris exactement, autrement on recommence l'opération.

Lorfqu'on n'a aucun inftrument, foit graphomètre ou bouffole pour déterminer les angles; par exemple, l'angle P H L obtus, on prolongera un des côtés P H jufqu'en I; on mefurera fur H E la diftance H L, de même les lignes H I & I L, & par le moyen de ces trois lignes on aura l'angle P H L. Lorfqu'un angle eft aigu, on le mefure de même en dedans; s'il eft occupé par quelque chofe qui empêche le mefurage, on le mefure en dehors; il faut mefurer avec une grande précifion pour pouvoir former un poligone de cette maniere, ce qui se conçoit assez, car on ne réussit pas toujours avec un bon instrument.

Il arrive quelquefois que des obstacles empêchent d'entrer dans des châteaux ou maisons particulieres ; lorsqu'il est possible de se mettre sur le prolongement des murs des différens corps-de-logis, on établit des lignes à l'entour du bâtiment, & on mesure les distances des prolongemens. Si ces prolongemens forment des angles, on les observe, soit avec le graphometre ou la boussole ; on rapporte ensuite toutes les mesures & les angles sur le papier dans le même ordre qu'on a fait les opérations sur le terrein, & on forme ainsi son plan. On peut juger à l'inspection de la figure des autres détails, sans qu'il soit nécessaire de les décrire plus au long.

Lorsque le terrein n'est pas trop montueux, on peut se servir fort utilement de la planchette pour l'exécution de ce problême, si les circonstances & le tems le permettent.

XIII.

Le plan de la fortification d'une ville étant donné sur le papier, lever ses environs & les joindre à la fortification.

Lorsqu'on a le plan de la fortification d'une ville, levé avec exactitude, tous les

points principaux, comme angles flanqués
des ouvrages ou du chemin couvert , fervent de point d'appui auxquels on attache
les détails de la campagne : on commence
par former des ifles du terrein, foit entre
les capitales des ouvrages , foit entre les
chemins qui aboutiffent à la ville ; ce cannevas bien déterminé , on prendra le terrein partie par partie & on le rapportera
fur le plan ; il peut arriver , malgré que
l'on prenne tous les foins poffibles en levant
le terrein , qu'il ne cadre pas auffi exactement qu'on le defireroit avec le plan donné,
on eft obligé dans ce cas de faire prêter les
différentes parties ; s'il y avoit cependant
quelques différences trop confidérables , il
faudroit néceffairement corriger les erreurs
de la fortification , ou bien tâcher de former un enfemble du terrein le plus appro-
chant de la vérité qu'il eft poffible.

On trouve facilement des plans gravés
des villes par où l'on paffe ; ces plans ne
font pas toujours affez juftes pour y joindre
les environs avec le fecours des opérations
qu'il eft dit ci-deffus ; mais comme il arrive
fouvent qu'on n'a que le tems néceffaire
pour lever à vue & par eftimation , ces
plans, tels qu'on les trouve, font d'un grand
fecours , fur-tout lorfqu'on leve l'itinéraire
d'un pays, S'il n'y a pas fur ces plans tous

les détails qu'on defire, on les y ajoute autant que le tems le permet. S'il arrive qu'un plan foit fur une échelle trop grande, on le réduit par le moyen des carreaux; s'il n'y avoit point d'échelle fur le plan, ce qui arrive quelquefois, on mefure une ligne droite du plan ou plufieurs fur le terrein pour plus d'exactitude, & on s'en fert pour échelle.

X I V.

Lever le plan des attaques d'une place fortifiée, ainfi que tous les ouvrages qui y font rela-tifs.

Lorfque ce travail doit fe faire pendant le fiége, c'eft plutôt l'objet d'un Ingénieur que d'un Officier particulier; cependant il faut qu'un Officier n'ignore pas les moyens dont on peut fe fervir pour le faire, parce que s'il eft inftruit, il peut fuppléer à un Ingénieur dans le befoin.

Lorfqu'on veut lever les attaques d'une place pendant le fiége, il faut, avant tout, avoir un plan de l'objet vers lequel l'atta-que eft dirigée; fi on ne peut l'avoir exacte-ment, on doit faire en forte, au moins, d'avoir les points principaux comme font les angles flanqués des ouvrages du che-min couvert, de quelques tours, clochers ou bâtimens remarquables dans la ville; fi on peut y lier quelques positions de la campagne aux environs de la ville, on a encore plus de facilité pour attacher les différens ouvrages qui sont entre ces positions. De toutes ces positions, on en forme un cannevas, elles servent de points d'appui à tous les ouvrages construits pour l'attaque ; on commence par figurer les communications aux parallèles ou places d'armes; on détermine les distances de plusieurs points de ces places d'armes, comme ceux qui sont sur le prolongement des capitales, ou qui se trouvent aux angles des parallèles ; on représentera le long des parallèles les batteries, leurs positions, relativement à l'objet sur lequel elles sont dirigées, les redoutes, les épaulemens pour couvrir la cavalerie; enfin en avançant pied-à-pied d'ouvrage à autre, on parviendra jusqu'aux ouvrages les plus près de la place. Tous ces objets ainsi figurés, (soit avec un graphomètre ou une boussole) on déterminera une quantité de points assez considérable par les opérations marquées au *chap. 1.er* pour pouvoir rapporter le plan exactement. Comme tous ces travaux ne sont que momentanés, on ne s'assujettit pas à mesurer les petites parties avec exactitude ; on mesure ces choses au pas ou par appréciation, & lorsqu'on rapporte son plan, on assujettit les détails aux points déterminés par les opérations qui font toujours plus fûres ; on a encore attention de pofer les épaulemens des batteries de bombes, pierriers ou de canons, foit pour le ricochet ou pour battre en brèche, fuivant leur direction. Lorfqu'on rencontre les excavations des mines que les ennemis ont fait fauter, on les figure, & s'il y avoit eu quelques ouvrages fur les fourneaux avant qu'ils fautent, on les exprime par des lignes pointillées ; toutefois fi on peut reconnoître leurs formes par les débris qui en reftent, ou qu'on les ait pu voir avant leur deftruction, le lavis des plans donne la maniere d'exprimer toutes ces chofes, ainfi on y aura recours. On trouvera fur les planches de l'attaque & de la défenfe des places tous les détails qui concernent ces deux problêmes. Lorfqu'on eft maître de la place & qu'on veut avoir le plan des ouvrages de l'attaque, ainfi que ceux que les ennemis ont fait pour la défenfe, on tâchera de fe procurer le plan de la fortification de la ville telle qu'elle exiftoit avant ; & comme on ne rifque plus rien, alors on peut faire planter des jalons dans les ouvrages pour les déterminer en levant les détails, comme il eft dit ci-devant, foit avec inftrumens ou fans inftrumens.

XV.

X V.

Lever le plan d'un camp & de ſes environs, en y comprenant les grand-gardes, ou petits poſ-tes occupés pour la ſûreté de l'armée.

Fig. 32. Ce problême eſt plus ou moins difficile, ſuivant le tems & les moyens qu'on peut employer pour l'exécuter, ce n'eſt que dans le cas de quelque ſéjour, & lorſ-que l'armée eſt près de l'ennemi qu'il eſt néceſſaire de joindre au terrein où eſt aſſis un camp tous les petits poſtes qui compo-ſent l'enceinte formée pour ſa ſûreté.

L'armée campe ordinairement ſur plu-ſieurs lignes droites ; ces lignes peuvent ſervir de baſe aux opérations que l'on peut faire pour déterminer les points principaux des environs du camp ; il peut arriver que le camp ſoit ſur une ligne courbée, alors il faut prendre les angles exactement, ſoit avec un graphomètre ou une bouſſole : on aura l'attention de ne pas s'approcher des faiſceaux d'armes, qui dérangeroient la direction de l'aiguille aimantée ; on peut ſe porter vis-à-vis l'alignement des der-nieres canonieres pour éviter les erreurs ; on fera meſurer ces lignes avec une chaîne, ou au pas, ſi on ne peut faire autrement. On marquera les points. où l'on aura pris les

K

angles, soit sur les lignes ou sur leurs prolongemens, après avoir déterminé la plus grande quantité de points qu'il soit possible, sur les lignes du camp ou sur d'autres, qu'il auroit été nécessaire d'établir ; on y attachera le figurage qui exprimera plus ou moins la nature du terrein, & qui approchera d'autant plus de l'exactitude que celui qui fera ce travail en aura l'habitude.

Lorsqu'on a les positions du pays, comme seroient dans cet exemple, celles des villages, châteaux & moulins, ainsi que la crête de la montagne, il est aisé après avoir vérifié si l'ensemble des positions est exact, d'y attacher les lignes du camp avec une boussole. On commencera par orienter le plan, en déclinant une ligne entre deux des positions; on procédera ensuite aux lignes des troupes qui composent le camp.

Je suppose que l'on veuille déterminer les huit escadrons de Cavalerie & les quatre Bataillons 7, 8, 9 & 10 de la premiere ligne, on mesurera les deux Bataillons 9 & 10; on en prendra la déclinaison ; on déclinera aux extrémités de ces deux Bataillons les rayons visuels qui rencontrent la pointe du clocher de Rosieres; on rapportera cette opération sur le papier, en faisant partir du point de position de Rosieres deux rayons visuels qui déclinent

avec le nord, de la même quantité de degrés que les deux rayons trouvés qui partent des extrémités des deux Bataillons 9
& 10 fur le terrein. Je fuppofe que les
deux Bataillons tiennent 100 toifes d'étendue, on prendra fur un rayon du clocher
un point à volonté ; on déclinera une ligne
A B de la quantité de degrés que déclinent
les deux Bataillons, & on portera 100 toifes fur cette ligne jufqu'en B ; au point B
on menera une parallèle au premier
rayon, & du point C où cette parallèle
coupera le fecond rayon, on menera une
parallèle à A B, & la ligne D C fera la
pofition des deux Bataillons relativement
au clocher de Rofieres ; en prolongeant
cette ligne, on appuyera deffus les Efcadrons & Bataillons qui en dépendent. On
voit, par cette opération, qu'on peut
déterminer toutes les lignes d'un camp,
relativement à un point fixe du terrein.
Si la ligne fe trouve dans l'alignement du
point H, comme les Grenadiers & Chaf-
feurs 23 & 24 de la gauche, on menera
une ligne M N d'une grandeur à volonté ;
on déterminera cette ligne comme il eft
dit ci-deffus. Pour la ligne D C, du point
N on déclinera un rayon à l'extrémité des
deux Bataillons qui en déterminera la longueur ; on fera de même pour les lignes

de la droite fur le clocher de Mortau. Si on a deux points déterminés dans la campagne que l'on puiffe appercevoir des extrémités, ou de deux points fur les lignes, il n'eft pas néceffaire de mefurer, (*ch. 1, fig. 28.*) Comme à l'armée on n'a befoin que de l'enfemble, & qu'on eft fouvent obligé d'avoir l'ordre général d'un camp, & l'idée du terrein qu'il occupe dans quelques heures, pour abréger, en rapportant fon brouillon afin de le mettre au net, on a une petite carte qui contient des Bataillons & des Efcadrons de la longueur qu'ils occupent fur le terrein ; & dès que l'on a déterminé la pofition des lignes, on gliffe la carte le long de ces lignes, en diftribuant les Efcadrons & Bataillons felon le rang qu'ils occupent ; on fe fert fouvent, en figurant, de ces petites cartes de bataillons & d'efcadrons, & un plan bien figuré fur des pofitions déterminées n'a pas befoin d'être rapporté, il fuffit qu'il foit mis à l'encre : on peut auffi l'enluminer de quelques couleurs pour diftinguer les bois, prés, rivieres, villages, &c. & alors un Officier général voit d'un coup d'œil l'enfemble de fon camp.

Lorfque les lignes font déterminées, on procéde au détail des poftes. En figurant le terrein, on marque leur pofition, afin de faire voir , par la nature du terrein , quel eſt leur objet ; ſi les poſtes ſont dans un pays couvert , ou trop éloignés de l'armée , on les attachera ſur les poſitions les plus à à portée ſur le figurage , ou par eſtimation des diſtances ; ſi le pays eſt aſſez découvert , & qu'on puiſſe , par le moyen de quelques opérations ſur les lignes du camp , détermi- ner leurs diſtances , elles ſeront toujours plus conformes à l'enſemble , quand même les opérations ne ſeroient pas de la plus grande exactitude.

Dans un camp , en parcourant le long de la ligne , on peut rencontrer à chaque pas des points de poſitions dans le prolongement des compagnies qui ſont toujours perpen- diculaires ſur la ligne ; ſi des points où l'on a formé les opérations du camp , on a jetté ſes directions ſur quelques objets , alors , quand on rencontre la perpendiculaire ſur cet objet , on y fait une remarque , comme dans cette exemple : du point Q , vis-à-vis Mortau , on peut jetter une direction ſur le poſte du Lieutenant , & vingt hommes au coin du bois , & du milieu du bataillon 3 , la compagnie prolongée rencontre ce poſte.

Du quatrieme eſcadron de Cavalerie du centre , le prolongement de la gauche ren- contre le coin du bois , & l'extrémité de ce bois où eſt un Capitaine & cinquante

hommes, s'aligne fur le poinr P, à fix toifes de la gauche du feptieme efcadron ; on
peut prendre l'angle de ce rayon avec la
ligne du camp ; on décline cette ligne avec
la bouffole, & mefurant le prolongement
du coin du bois à la grand-garde, on aura
déterminé la pofition de ce pofte. Ayant
du point R jetté une direction fur la tour
de la maifon du gué, & la ligne qui part
de cette tour, paffant par celle du Châteauneuf, rencontre la troifieme compagnie de
Grenadiers du bataillon 23. Lorfqu'on aura
déterminé ce bataillon & la tour du Châteauneuf, le prolongement rencontrera le rayon
qui part du point R, & ce pofte fera déterminé. On déterminera par appréciation
les diftances des petits détachemens de ces
poftes le long du ruiffeau au pont du moulin Rouge & les communications entr'eux,
le pofte de la Cavalerie fur le chemin de
Rofieres au moulin Rouge, le pofte ou pont
avancé du moulin rouge, &c.

Il eft nombre d'opérations & d'obfervations que l'on peut faire qui dépendent du
tems qu'on peut y mettre, de la nature du
terrein, des inftrumens dont on fe fert, &
fur-tout du plus ou moins de reffources
que l'on a chez foi, pour abréger ou fim-
plifier ces opérations. Pour l'intelligence
du plan, on peut mettre à côté une légende

avec des renvois, & au bas l'échelle de ce plan.

A la guerre, on a rarement befoin de lever le plan d'un camp comme un arpentage.

Un camp de plaifance, en tems de paix, exige quelquefois cette exactitude, alors on aura recours au moyens indiqués ci-deffus.

X V I.

Lever le plan d'un champ de Bataille, y repréfenter la pofition des différens corps de troupes, des batteries d'artillerie, & y exprimer les différens mouvemens ou manœuvres des deux armées pendant l'action.

Ce problême, pour être bien exécuté, dépend d'un grand ufage de deffiner un pays à vue & par eftimation, & d'une connoiffance affez étendue de la Tactique, afin de juger au coup d'œil l'iffue d'une manœuvre qui commence, pour pouvoir, pendant l'exécution de cette manœuvre, examiner ce qui fe paffe à une autre ; avoir dans la tête non feulement l'enfemble du terrein, mais encore celui de toutes les troupes de part & d'autre. Comme on ne peut avoir une connoiffance auffi détaillée de l'armée ennemie que de celle à laquelle on eft attaché, on marquera en gros fur fon brouillon les troupes que l'on

appercevra, en diſtinguant l'Infanterie &
la Cavalerie, on tâchera d'avoir une connoiſſance aſſez exacte du pays pour appuyer
les troupes aux points du terrein qu'elles
occuperont, ſoit à leur arrivée, ou en ma-
nœuvrant.

Lorſque deux armées ſont conſidérables,
il eſt aſſez difficile de voir tout ce qui s'y
paſſe, ſur-tout dans un pays couvert, car
il faudroit être à la fois par-tout, mais on
peut y ſuppléer. Lorſqu'on a tracé généralement ſur un brouillon le terrein & la
premiere poſition des deux armées, s'il ſe
trouve quelque éminence de laquelle on
puiſſe appercevoir ce qui ſe paſſe, on s'y
portera : une bonne lunette d'approche eſt
très-utile afin de connoître mieux la poſition des batteries, des corps & leur nature.
Comme il ſe paſſe ſouvent pluſieurs manœuvres ſur un même terrein, on a pluſieurs brouillons avec des renvois, parce
qu'à l'attaque d'un village, d'un bois, d'une
redoute, &c. les premieres troupes qui
marchent ne ſont pas toujours celles qui
réuſſiſſent ; il ſe fait quelquefois pluſieurs
charges par différens corps ſur le même
terrein, de même de celles qui les défen-
dent. Il eſt un nombre de petits mouvemens qui ſe paſſent à une attaque, que
celui qui leve un plan ne peut voir ; dans

ce cas, on fait une note, & enfuite on s'informe auprès de quelques Officiers-Majors intelligens, attachés aux corps qui ont manœuvré, de tout ce qui peut être utile dans la defcription des manœuvres pour l'intelligence du plan. Si le pofte eft emporté, il le faut repréfenter le plus fcrupuleufement ; fi on n'a pas réuffi, dans ce cas, on ne peut en donner qu'une idée générale ; mais il faut faire en forte de connoître affez ce terrein, en tirant des lumieres de ceux qui y ont été attaqués pour marquer les obftacles qui ont empêché ou fait échouer la manœuvre.

Une armée qui donne bataille a toujours un point d'attaque principal ; c'eft à celuilà qu'il faut avoir le plus d'attention, mais il faut fe porter par-tout où il paroît du mouvement confidérable , pour en avoir au moins une connoiffance générale, en fe réfervant de prendre connoiffance des détails particuliers après la bataille , auprès de ceux qui les ont vu de plus près & avec plus de fang froid.

Un Aide-de-camp Géographe , attaché à un Officier-Général, & un Officier attaché à l'État-Major, ont plus de facilités pour bien rendre le plan d'une bataille qu'un Officier particulier, qui ne pouvant s'écarter de fon corps , ne peut voir que ce qui fe paffe autour de lui , qui fe réduit fouvent

à fort peu de chofe , & lorfqu'il fe trouve
à portée de voir beaucoup, les circonftances lui préfentent fouvent les chofes diffé-
remment qu'elles ne doivent être vues ;
c'eft pourquoi un Officier , foit de l'Etat-
Major , particulier , ou Aide-de-camp Géographe , après avoir vu tout ce qu'il pourra ,
ne s'en rapportera pas à lui feul pour com-
pletter fon plan , il doit faire fon poffible
pour connoître la véritable intention des
Généraux , les circonftances qui ont fait
réuffir ou manquer une manœuvre , celles
qui ont fait perdre ou gagner une bataille.
Il doit tirer toutes les lumieres poffibles de
ceux qui ont vu, foit les mêmes chofes que
lui, ou ce qu'il n'a pas vu; il doit combiner
les différens rapports pour en tirer des
conféquences juftes , & qui rempliffent
l'objet qu'il fe propofe.

L'art de rendre la nature du terrein d'un
champ de bataille entre pour beaucoup dans
ce travail; car une petite éminence, un ravin,
une crête de rideau, &c. peuvent faire fen-
tir l'utilité qu'il y avoit , ou la néceffité
d'avoir placé une batterie dans un endroit
plutôt que dans un autre, d'avoir pofté une
troupe à propos relativement au terrein,
& qui feroit jugé mal placée par rapport
aux manœuvres ; fans cette attention ,
des troupes , quoiqu'inférieures en nom-

bre, se trouvent avantageusement placées, & à l'abri d'un coup de main par la nature des postes ou du terrein qu'elles occupent, qu'un rien rend inaccessibles du côté où l'on peut les attaquer ; tous ces petits objets sont essentiels sur un bon plan.

C'est sur de pareils plans que de savans Militaires peuvent raisonner & donner d'utiles instructions pour l'avenir, & non sur ceux qui ne peuvent être que des objets de curiosité, & desquels on ne peut tirer aucun fruit.

Quant à l'art de rendre clairs les différens mouvemens des troupes & la nature du terrein, c'est l'objet du dessein ; on aura recours aux exemples qui en traitent dans la 4.ᵐᵉ partie de cet ouvrage.

X V I I.

Trouver sur un terrein irrégulier la position d'un plan horizontal, ou incliné, suivant une pente donnée, afin que les terres du déblai des parties du terrein qui sont trop élevées, puissent servir à être entiérement employées au remblai des terres trop basses.

Fig. 35. Lorsqu'un terrein est considérable, & qu'il y a de grandes irrégularités dans sa surface, il le faut partager en carreaux par des lignes qu'on fera à égales distances dans deux sens perpendiculaires l'un à l'autre; on prendra la différence de hauteur du point du terrein le plus élevé avec le plus bas ; à chaque angle des carreaux, on plantera un piquet, fur lequel on marquera l'élévation du plus haut point du terrein; fi le carreau eft trop grand par rapport au détail ou à l'irrégularité du terrein, on le partagera en plufieurs autres petits carreaux pour faciliter l'opération ; les mefurages fe font aifément, en attachant un cordeau tendu horizontalement aux piquets plantés aux angles des carreaux ; on ajoutera enfuite toutes les folidités trouvées dans chacun des carreaux; on divifera cette folidité générale par la furface horizontale du terrein, ce qui donnera la hauteur des terres au-deffus du point pris le plus bas.

Il faut cotter chaque carreau , & marquer les mefures qu'on y aura prifes en particulier avec un renvoi fur les carreaux, comme A B C D E F, &c.

Cette opération faite , comme on a mis des renvois à chaque carreau, on regardera les dimenfions prifes fur le terrein ; on diminuera fur fa folidité la lame de terre fuivant l'épaiffeur générale déterminée au-deffus du point pris le plus bas, le refte fera la quantité de terre à enlever dans chaque quarré, qu'on ajoutera enfemble pour avoir le total.

Les terres remuées foifonnent plus ou moins, & augmentent de volume fuivant leur denfité.

Les terres glaifes vont à $\frac{1}{5}$, les fablo-neufes à $\frac{1}{9}$; mais on peut établir pour les terres vierges généralement un fixieme d'augmentation, lorfqu'on ne les bat pas ; fi au contraire on les foule , ou fait rebattre pour que l'affaiffement qui fe fait à la longueur du tems ne foit pas confidérable , on ne doit compter que fur un douzieme ou environ.

Cette partie d'augmentation doit s'ajouter à la hauteur trouvée, & le plan horizontal déterminé fe trouve remonté de cette quantité. Comme dans cette efpéce de travail on ne trouve toujours qu'un à peu près, on ne rifque rien de fixer le plan horizontal un peu plus haut pour ne pas remuer des terres inutilement ; on eft toujours le maître de faire baiffer les parties qui refteroient trop hautes à la fin de l'ouvrage, en l'étendant fur celles qui feroient reftées trop baffes, ou généralement fur toute la furface.

Des réfultats plus exacts ne font utiles qu'à des Ingénieurs , & dépendent d'une théorie plus profonde qui n'eft pas du reſſort de ce cours. Un Officier particulier ne fait uſage à la guerre, dans ces ſortes de travaux, que du coup d'œil, où un peu plus ou moins d'abaiſſement lui eſt égal, à moins qu'il n'ait une hauteur déterminée où un peu d'attention ſuffit lorſqu'il eſt obligé de donner des pentes plus ou moins roides. Dans la vie civile, ſoit pour faire conſtruire des terraſſes, ſoit pour applanir un terrein, ſoit pour faire tranſporter des terres, quelques journées de plus ne ſont pas d'une grande conſéquence, & par le moyen indiqué ci-deſſus, on peut approcher très-près de la vérité, & établir un mémoire aſſez juſte, relativement aux travaux à faire, à la quantité d'ouvriers qu'on doit y employer, & la dépenſe qu'il faudroit faire.

Quant au travail des ouvriers on commencera par faire faire pluſieurs tranchées en différens ſens à travers les points les plus hauts du terrein, de la profondeur néceſſaire pour pouvoir marquer avec des forts piquets la hauteur du plan horiſontal déterminé par les meſurages. Dans les endroits où le terrein ſera plus bas, on enfoncera de même des piquets juſqu'au niveau général projetté, & le terrein ainſi marqué par un grand nombre de piquets, on diſtribuera les ouvriers par canton, ſuivant la quantité qu'on voudra y employer.

XVIII.

*Une quantité de toiſes cubes de terre à enlever
étant donnée, ainſi que la diſtance où l'on doit
les tranſporter, déterminer la quantité d'ouvriers qu'on peut y employer, ainſi que le
tems qu'ils y mettront pour pouvoir aſſigner le
prix de la toiſe à raiſon de ce que gagne un ouvrier par jour.*

On conſidere pluſieurs ſortes de terres
généralement, terres vierges, celles qui
n'ont pas été remuées; on met ſous la premiere claſſe les terres douces, ou plus communément nommées terres franches, comme
les terres de labour, celle des prés ou terreins marécageux, les ſables & les glaiſes,
quoiqu'il y en ait de pluſieurs denſités,
enfin celles où l'on n'a beſoin que du lou-
chet & de la pelle pour les enlever.

Dans la ſeconde claſſe, les glaiſes dures
& tenaces, les terres pierreuſes & mêlées
de rocailles, les terres de défrichement
mêlées de racines plus ou moins fortes ou
ſerrées, & où il faut ſe ſervir de la pioche
ou du pic.

Dans la troiſieme, les ſables mêlés de
gès qu'il faut fendre ou caſſer, & le roc
vif où il faut ſe ſervir de pic, de coin, de
maſſe, d'aiguilles & de la mine.

On eſtime, qu'un homme travaillant
cinq heures, peut enlever une toiſe cube

de terre de la premiere claffe, que l'on peut jetter ou charger à la pelle de la premiere main.

Pour les tranfporter à 15 toifes en terrein plat, il faut deux hommes, & lorfqu'il faut monter par des rampes ou fur des ponts, la diftance eft de dix toifes.

Ainfi, lorfqu'il faudra tranfporter les terres à 30 toifes en rafe campagne & à 20 toifes en montant, il faudra établir un relais de plus, ce qui fera trois hommes pour enlever une toife cube, & la tranfporter à ces diftances. La journée d'un homme eft de douze heures de travail pendant l'été, fept les quatre mois d'hiver, & dix les quatre autres mois; ainfi on peut d'après ces connoiffances régler le prix de l'ouvrage, foit en fourniffant les outils, brouettes, planches & uftenfiles néceffaires, ou en ne les fourniffant pas. Si les ouvriers fe fourniffent d'uftenfiles, on augmente le prix de l'ouvrage, à raifon de la quantité dont ils font confommation; cela fe régle fuivant les faifons où ils travaillent, la diftance où ils tranfportent les terres, & la confommation des planches & chevalets pour des ponts, &c. qu'ils font obligés de fournir; on peut régler cela depuis quatre fols par toife jufqu'à huit, c'eft-à-dire, quatre fols par toife, lorfque les travaux fe

feront

feront l'été en terrein uni , & augmentant ainsi de prix jusqu'à huit sols, lorsque le travail doit se faire en hiver dans des terreins difficiles , & pendant la gelée où il se fait ordinairement une grande consommation d'ustensiles. On réglera le prix de la toise sur la journée qui se paye à un ouvrier suivant le tems.

Quant à la quantité d'ouvriers que l'on peut mettre dans un terrein , il se réglera sur le front du terrein ou sur les passages des relais pour les transports , si la quantité en est limitée.

On ne peut assigner au juste le tems & le prix des terres de la seconde classe , cependant on peut tabler que la toise cube de cette espéce vaut à peu près le double des terres de la premiere classe.

Quant au roc , comme il faut faire usage de mines, de beaucoup d'outils, qu'il peut être plus ou moins dur , ou aisé à détacher , que les travaux dépendent encore du lieu d'où on les tire , où il faut les transporter , & de l'usage que l'on en veut faire , on ne peut y assigner aucun prix déterminé ; si on prend des ouvriers à la journée , on aura seulement attention de mettre un surveillant à leur tête , & de les distribuer par attelier de maniere qu'ils ne s'embarrassent pas l'un & l'autre.

L

Il fuit du problême précédent que les dimenfions d'une excavation étant données comme feroient celles d'un foffé dont on auroit le profil & la longueur, on peut toujours déterminer la quantité de toifes cubes de terre à enlever, la quantité d'ouvriers qu'on peut y employer pour qu'ils ne fe nuifent pas, en fuppofant un terrein des deux premieres claffes affignées ci-deffus, maniable & d'une denfité égale dans toute fon étendue; on n'a égard dans ce cas qu'à l'étendue de la furface fur laquelle on peut placer les travailleurs qui deviennent d'autant plus gênés qu'ils s'enfoncent; mais alors, comme il faut laiffer des banquettes ou des rampes, & qu'il faut qu'une partie des ouvriers s'occupe du tranfport, les relais augmentent d'autant plus que la furface diminue par la profondeur de l'excavation, d'où il réfulte qu'on peut toujours mettre deux travailleurs par toife quarrée de furface, & dans un cas preffant trois fans relai, c'eft-à-dire, lorfque l'on peut jetter les terres de la premiere main.

X I X.

*Les dimensions d'un épaulement à construire
étant données , déterminer la largeur d'un
fossé de la longueur de cet épaulement , &
dont les talus des escarpemens du fossé seroient
le tiers de la profondeur, que le déblai des
terres à enlever puisse servir à la construction
de l'épaulement , la profondeur du fossé étant
supposée ne pas excéder neuf pieds , afin que
les travailleurs puissent sans sortir du fossé jetter les terres sur la berme.*

Soit un épaulement de trente toises de
base dont le profil est donné, *figure 34*,
on calculera la surface du profil ; on trouvera pour la surface A B E D cent dix-
sept pieds

$$\text{surface de}\begin{cases} \text{A B M} = 6^{\text{p.}} \\ \text{B E M N} = 90^{\text{p.}} \\ \text{E D N} = 21^{\text{p.}} \end{cases} = 117^{\text{p}}$$

Pour la ligne moyenne mn du trapèze
qui forme le profil du fossé demandé ;
comme le talus du fossé est dit devoir être
le tiers de la profondeur qui est de neuf
pieds, on ajoutera le tiers de cette profondeur aux treize pieds trouvés pour la ligne
moyenne , ce qui donnera seize pieds pour
la largeur supérieure du fossé , & on retranchera les trois pieds de la ligne moyenne
pour avoir la largeur du fond du fossé.

Pour parvenir à cette opération, il suffit
de trouver un profil pour le fossé, égal à
celui de l'épalement donné : quoique l'on
puisse regarder cette opération comme
bonne dans la pratique ; elle n'est cependant
pas de la derniere exactitude, car le
foisonnement des terres augmente le volume
au moins d'un douzieme lorsqu'elles
font foulées & battues.

Un épaulement se construit rarement
sans y employer des gabions, fascines
ou claies, afin de lui donner plus de solidité
& moins de talus, par conséquent,
on auroit des terres de reste ; ainsi appréciant
le foisonnement des terres, suivant
leurs qualités, on pourra juger de la diminution
qu'on pourra faire sur la largeur ou
sur la profondeur du fossé.

On ne peut pas toujours déterminer les
dimensions des talus, parce que le terrein
change par fois à quelques pieds de
profondeur, & les terreins sabloneux exigent
des talus considérables. Lorsqu'on se
trouve dans ce cas, on augmente par degré
la largeur du fossé. Comme un épaulement
est fait pour mettre des troupes à couvert
du canon, pour qu'il ne soit pas en prise
au boulet, on peut augmenter la largeur
du fossé, jetter les terres sur la contrescarpe
& les étendre en glacis ; on donne plus ou

moins de hauteur à la crête, ce qui augmente encore la profondeur du fossé du côté de la contrescarpe, & couvre en partie l'épaulement qui ne peut être battu du boulet que par la crête, à moins que la position du canon de l'ennemi ne commande le terrein sur lequel est construit l'épaulement.

On peut suivre le même principe pour tout ce qui concerne la fortification de campagne, qui est toujours un ouvrage momentané. Comme il faut que les fossés des ouvrages aient une profondeur & une largeur convenables pour être d'une bonne défense, & que souvent il ne faut que des parapets & des banquettes peu élevés pour n'être pas si fort en but au boulet, & fournir un feu plus rasant, que ces parapets n'ont pour la plûpart que douze pieds d'épaisseur & quelquefois moins; il restera toujours une quantité de terre considérable qu'on jettera sur la contrescarpe ou glacis, avec l'attention que la crête de ce glacis ne dépasse pas l'alignement de la plongée du parapet sous lequel ce glacis doit être au plus haut à feu rasant.

Dans le cas où le parapet seroit très-large & très - haut, derrière lequel se trouvent appuyées plusieurs banquettes, que malgré le foisonnement des terres, les

gabions , fafcines , clayonnages & gafon-
nages, les terres du foffé ne fuffiroient pas
à fa conftruction , on l'élargit par degré
d'un pied ou deux vers la contrefcarpe; une
tranche de deux ou trois pieds d'épaiffeur
fur toute la profondeur du foffé , prife de
la contrefcarpe, eft d'une petite conféquence
par rapport aux dimenfions du foffé , &
peut fournir beaucoup de terre.

Si le terrein ou la fortification font d'une
telle nature que le foffé ne puiffe être
augmenté en largeur ni en profondeur, à
caufe qu'il peut fe rencontrer de l'eau , ou
que l'efcarpe feroit trop découverte, on fera
obligé de s'en pourvoir dans l'intérieur de
l'ouvrage ; c'eft ce qui arrive encore lorfqu'à quelques pieds de profondeur on
rencontre un terrein dur, pierreux & mêlé
de roches, de pareils terreins font difficiles
à défendre par le travail long & exceffif
qu'exigent les ouvrages que l'on y conftruit.

Lorfqu'on fait faire des excavations ou
des tranfports de terres par des foldats, on
ne doit pas compter fur la même quantité
d'ouvrage que fur des ouvriers habitués au
travail & que l'on paye à la toife, même à
la journée, parce que les foldats font généralement moins forts , & ne font ces travaux que de tems à autres par corvées ou
pour un prix modique; ainfi j'établis pour

régle que quatre soldats ne peuvent enlever que deux toises cubes de terre ordinaire, & les transporter à quinze toises en terrein plat, & à dix toises en montant.

Lorsque les soldats travaillent par corvées, on les réleve de quatre en quatre heures ; on leur donne leur tâche en les distribuant par attelier avec une quantité d'outils nécessaires.

Sur une toise quarrée, on mettra deux hommes, un piocheur & un chargeur, & s'il faut transporter les terres à quinze toises en terrein plat, on y joindra deux brouetteurs de même à dix toises en montant; ces brouetteurs font chacun la moitié du chemin.

Les premiers jours d'un long travail, on donne aux soldats une tâche légere, on l'augmente insensiblement par degrés ; & en s'y prenant de cette maniere, j'ai vu que des soldats relevés de quatre en quatre heures, travaillant même par corvées, avoient fait à la fin du jour plus d'ouvrage que n'auroient fait de forts ouvriers ; les soldats s'habituent insensiblement au travail, & pour ne pas rester sur l'attelier après leurs quatre heures, ils le forcent ; on remarque encore que des soldats font un dégât d'outils, de planches, brouettes, &c. bien plus considérable que les ouvriers, foit par le peu d'intérêt qu'ils y ont, ou par leur mal-adreffe ; on aura attention de mettre un Sergent ou un Caporal pour veiller à un ou deux atteliers. Si l'ouvrage eft bien preffé, on fera changer les travailleurs de deux en deux heures, & on pourra les faire revenir deux ou trois fois le jour.

X X.

Connoiffant les dimenfions d'une citerne, le volume d'eau qu'elle peut contenir, déterminer en combien de tems ce volume fera confommé par un nombre d'hommes donné, en raifon de ce qu'il faut pour l'ufage de chacun par jour.

Fig. 35. On fuppofe dans ce problême une citerne quarrée dont le côté eft de douze pieds & la profondeur de trente ; que cette citerne foit pleine & qu'elle doive fournir d'eau, 300 hommes. $12 \times 12 \times 30 = 4320$ pieds cubique d'eau.

La mefure commune d'eau que l'on eftime fuffifante par jour pour la confommation d'un homme eft de quatre pintes mefure de Paris ; la pinte eft de 48 pouces cubes, donc quatre pintes $= 192$ pouces cubes pour un homme par jour, les 300 hommes confommeront 57600 pouces cubes, ainfi divifant 7.464.960 pouces cubes d'eau volume de la citerne, par 57600 pouces cubes pour la confommation d'un jour, on trouvera que cette citerne peut fuffire pour 129 $\frac{4}{5}$ jours. Mais il faut faire attention qu'il y a du déchet provenant foit de la diftribution, évaporation ou filtration, qu'il y a d'ailleurs un limon au fond d'une citerne. Lorfqu'il n'y refte plus que trois ou quatre pieds d'eau, elle devient trouble & prend le goût du limon; ainfi, fans inconvénient, on pourroit réduire la durée de cette citerne à trois mois, en faifant abftraction des cas extraordinaires qui peuvent arriver pour quelques befoins ou incendies, &c.

On trouvera quelques obfervations fur cet article dans la défenfe des petits poftes.

Il y a des citernes de plufieurs efpéces, pyramidales, cilindriques ou en cone tronqué A B C D. Lorfqu'il s'y trouve une certaine quantité d'eau, il eft quelquefois difficile de les mefurer & de s'affurer de leurs vraies figures. Quand on ne peut defcendre dedans avec une échelle, on fe fert de deux bâtons liés enfemble qui puiffent gliffer l'un fur l'autre à volonté; au milieu on y attache une pierre affez groffe pour les faire enfoncer dans l'eau à volonté; ces deux bâtons font fufpendus aux deux bouts d'une corde qui forme un triangle ifocelle dont on tient le fommet; on allonge ces bâtons de maniere que les extrémités joignent les murs de la citerne; si l'intérieur est un prisme quadrangulaire ou cilindre droit, les bâtons glisseront des deux côtés sans obstacles jusqu'au fond; si la figure est pyramidale ou en cone tronqué, on diminuera ou augmentera leur longueur par degré jusqu'à ce qu'ayant atteint le fond de la citerne en tâtonnant, on soit assuré de ses dimensions, alors il sera aisé de savoir ce qu'elle contient d'eau; s'il y en a une certaine quantité, on la connoîtra aisément avec un plomb au bout d'une ficelle; on jugera de la même maniere du volume qui y manque.

Lorsque le Commandant d'un détachement arrive dans un poste, une des principales attentions qu'il doit avoir sont les les moyens de subsistance qu'il peut se procurer, & l'eau est la premiere nécessité; si son poste est sur une hauteur & qu'il n'ait que des citernes, il doit examiner leur état & le service qu'il peut en tirer, soit en les réparant, si elles sont dégradées, ou les laissant telles qu'elles se trouvent, ou en les faisant remplir, ce dernier objet n'est pas le moins pénible. Lorsque la pluie ne fournit pas, il faut la transporter du dehors; on fait deux files d'hommes depuis la citerne qu'on veut remplir jus-

qu'au lieu où on puise l'eau ; la file par où
paſſent les vaſes pleins eſt compoſée des
hommes les plus forts , mis à cinq pieds
de diſtance , & pour celle qui renvoye les
vaſes vuides , elle peut être moins nom-
breuſe & compoſée des plus foibles, ou des
filles & femmes qui ſe trouvent dans le
lieu ou dans les environs. On peut la faire
tranſporter ſur des chariots , ſi on en a la
facilité ; on pourra toujours ſavoir d'après
ce qu'il en faut , le tems qu'il faudra pour
l'exécution , relativement à la quantité de
perſonnes qu'on peut y employer , ſoit en
calculant par le volume ou par le poids ,
un pied cube d'eau péſe à-peu-près ſoixante-
neuf livres & demie.

On peut juger par ce moyen ce qu'un
vaſe peut peſer ſuivant le volume qu'il
contient , ou à quelle hauteur il le faut
remplir pour qu'il ſoit d'un poids déterminé. Il eſt quelquefois des cas où n'ayant
ni poids ni balance, on a des volumes
de différentes eſpéces dont on voudroit
ſavoir la peſanteur , ſoit pour le tranſport
ou pour quelques autres raiſons , on trouvera ci-joint une petite table de peſanteurs
cubiques, dont on pourra ſe ſervir ſuivant
le beſoin ou la curioſité.

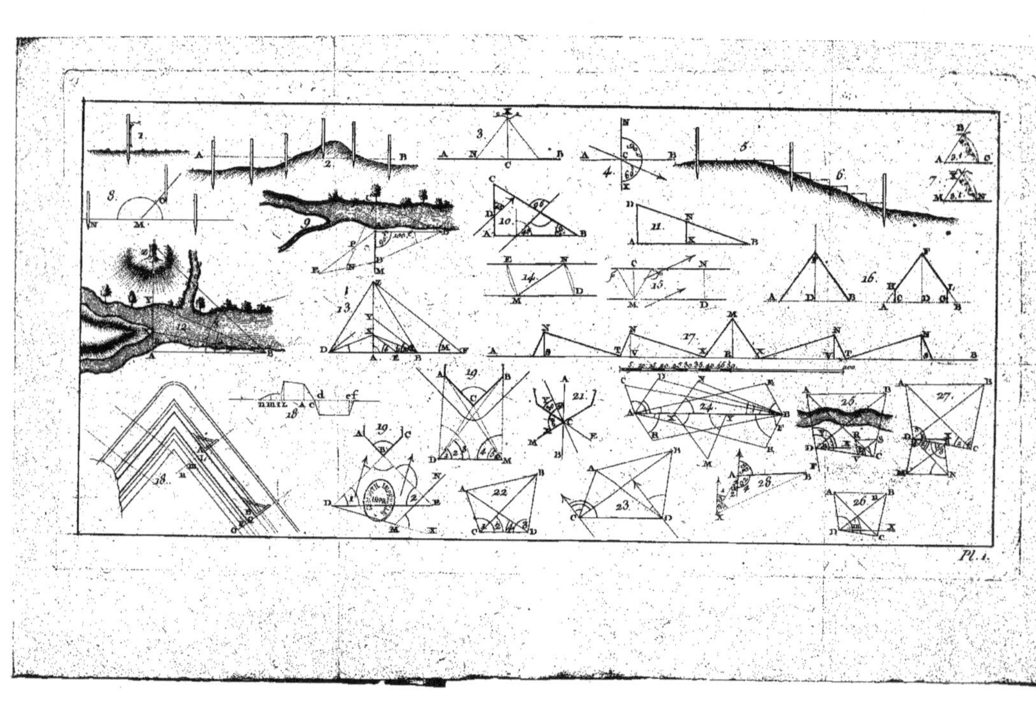

Pl. 1.

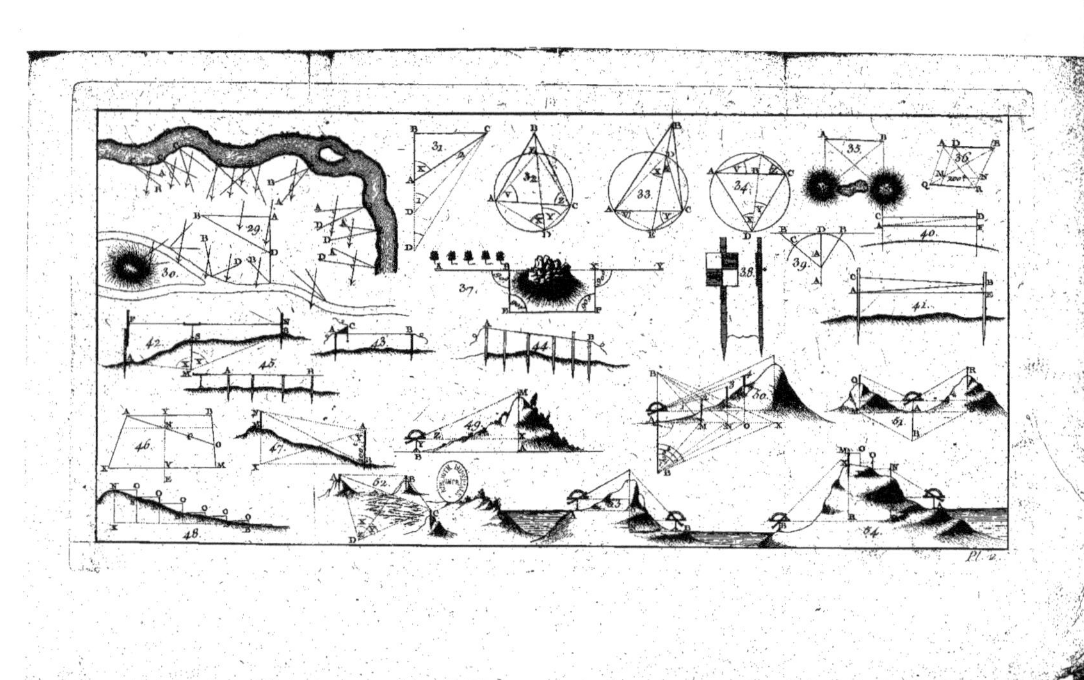

29.
30.
31.
32.
33.
34.
35.
36.
37.
38.
39.
40.
41.
42.
43.
44.
45.
46.
47.
48.
49.
50.
51.
52.
53.
54.
Pl. 2.

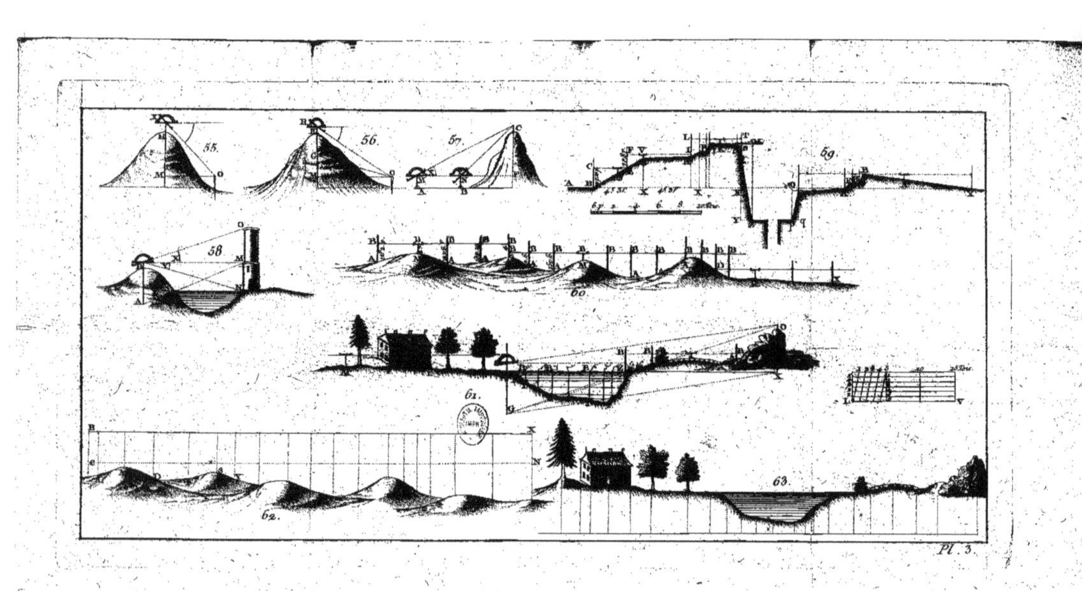

55.
56.
57.
58.
59.
60.
61.
62.
63.
Pl. 3.

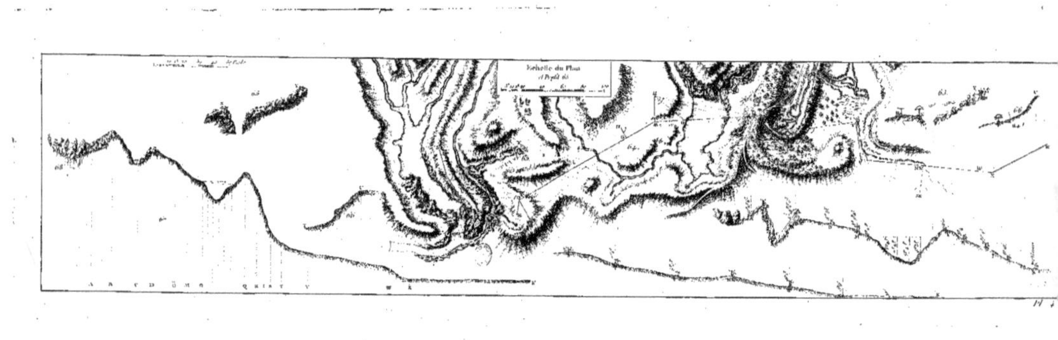

Échelle du Plan
et Profil du

Inondation
69.
70
71
72
PL. 3.

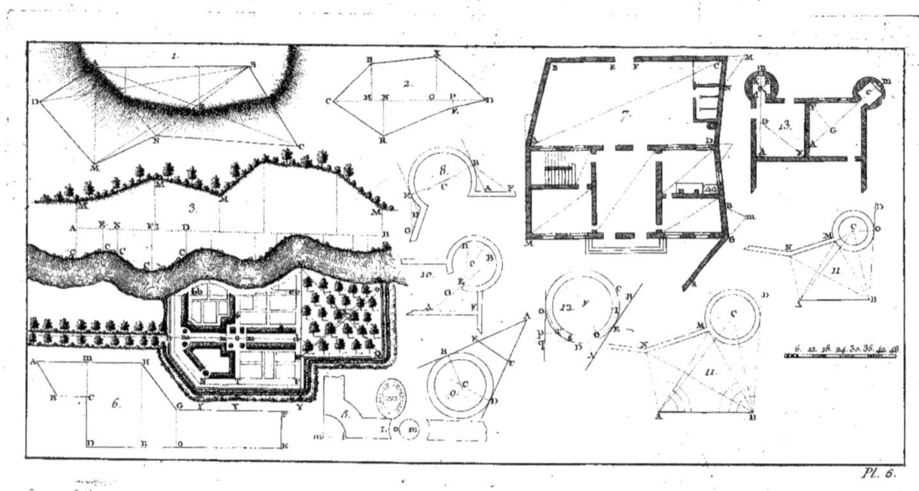
1.
2.
3.
6.
7.
8.
10.
13.
11.
12.
11.
Pl. 6.

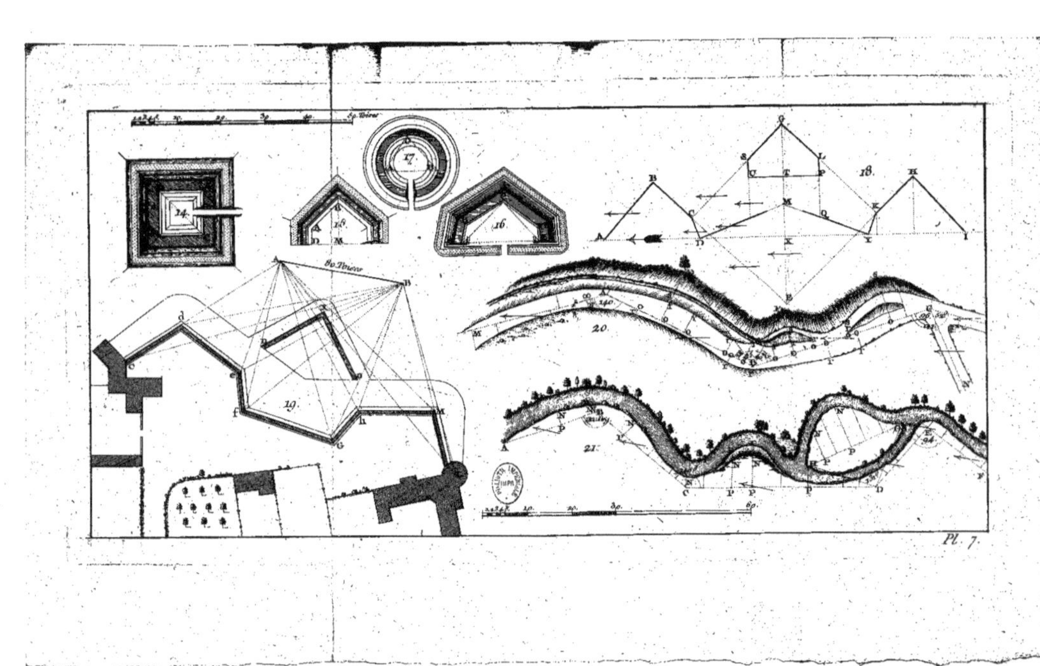

14.
15.
16.
17.
18.
19.
20.
21.
Pl. 7.

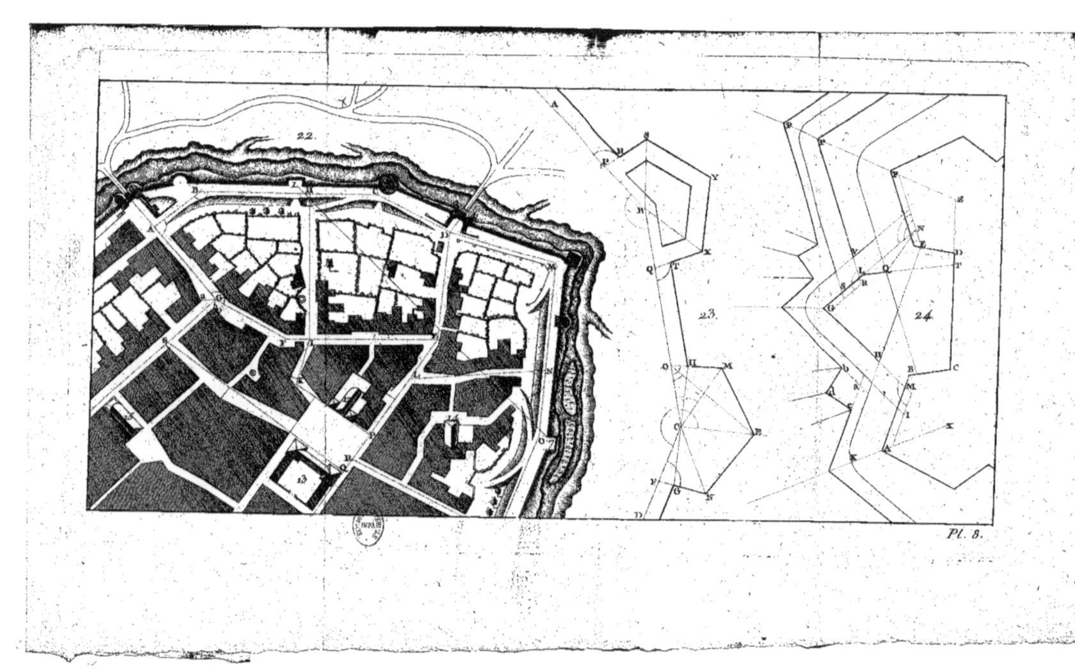

22.
23.
24.
Pl. 8.

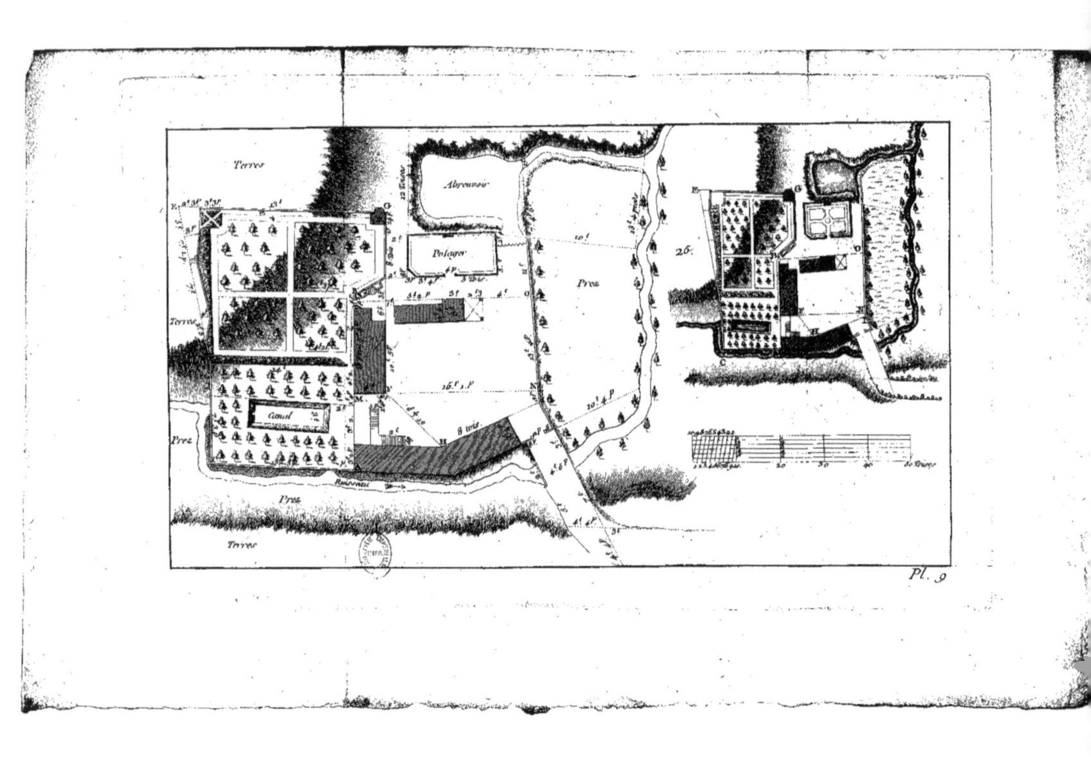

Terres
Abreuvoir
Potager
Prez
Terres
Canal
Ruisseau
Prez
Prez
Terres
G
M
H
N
O
26.
E
G
O
H
N
C
Pl. 9

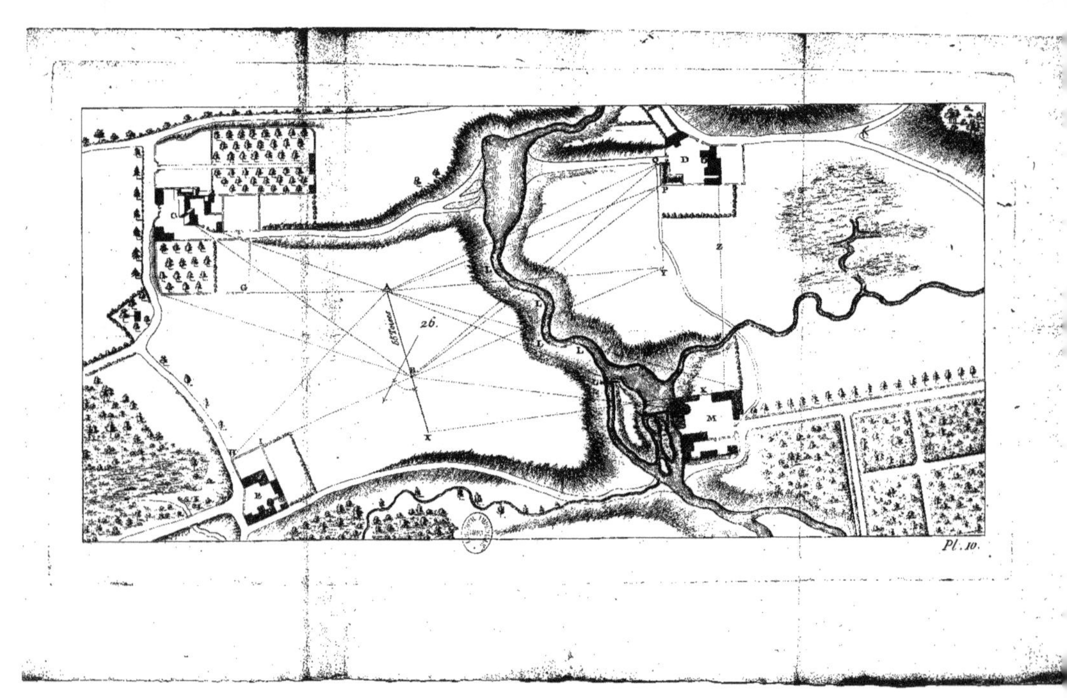

Pl. 10.
26.

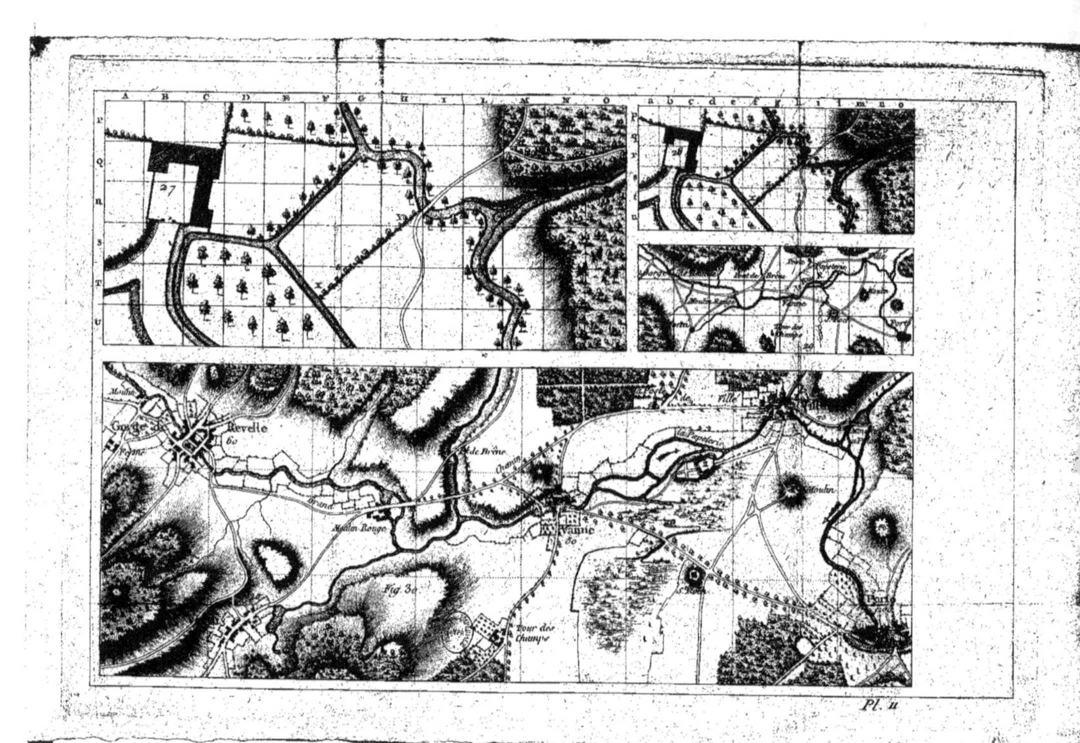
A B C D E F G H I L M N O a b c d e f g i l m n o
P
Q
R
S
T
U
27
Fig. 30
Gorge de
Revelle
Moulin Rouge
Tour des
Champs
Vanne
Ville
Pl. 11

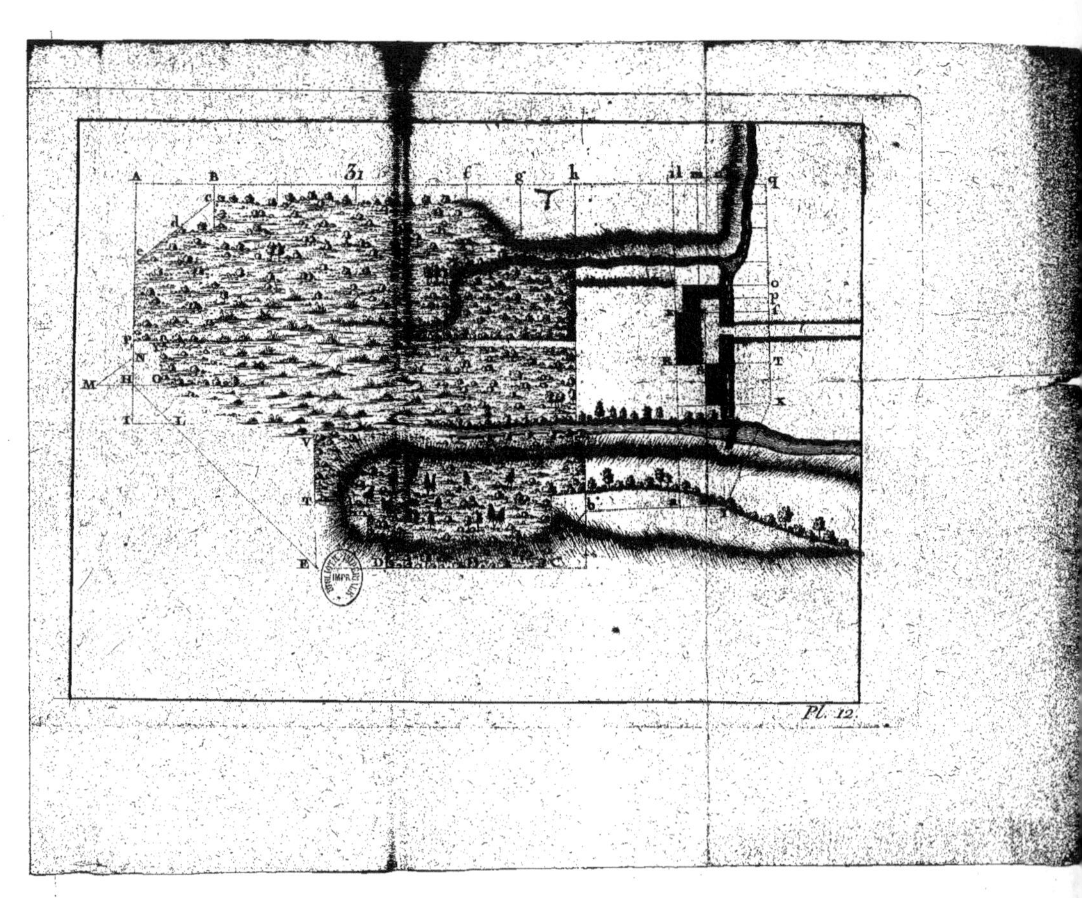

Pl. 12.

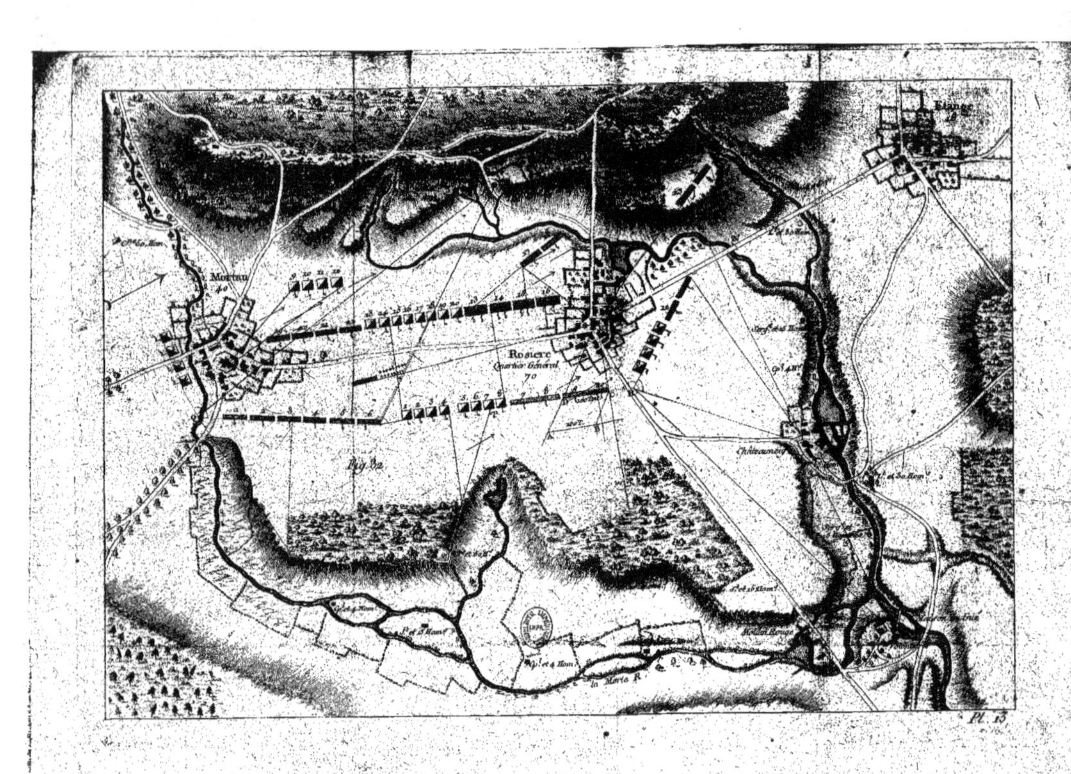

Mortus
Rosiere
Quartier General
70
Châteauneuf
Pl. 15

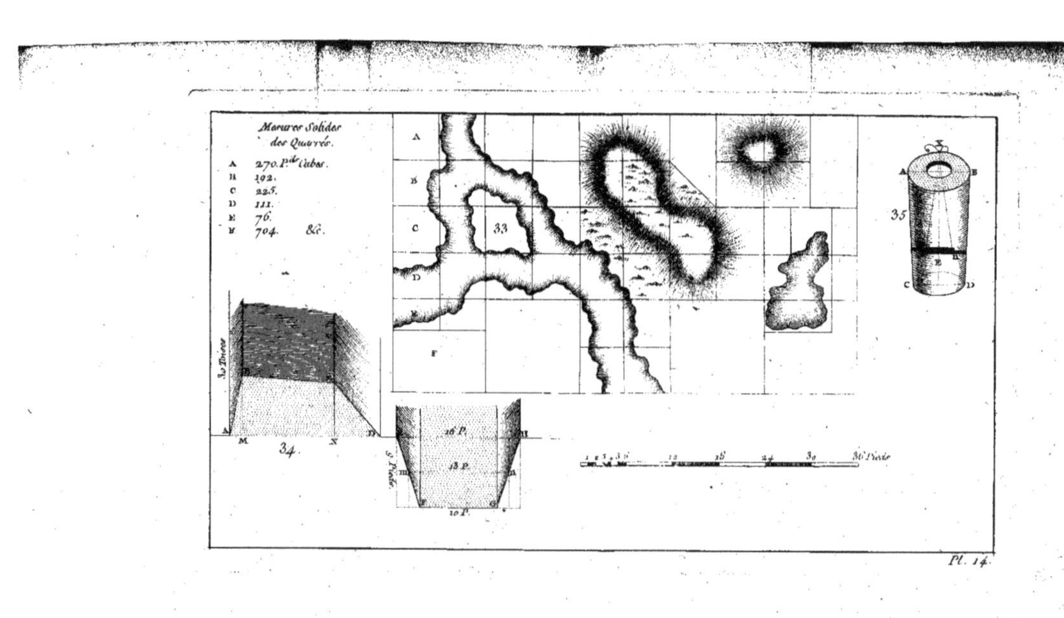

Mesures Solides
des Quarrés.
A 270. P.ds Cubes.
B 192.
C 225.
D 111.
E 76.
F 704. &c.
33
34
35
16 P.
8 Pieds.
13 P.
10 P.
1 2 3 4 5 6 12 18 24 30 36 Pieds
Pl. 14.

PÉSANTEURS CUBIQUES.

MATIERES.	POIDS d'un pied cube.		POIDS d'un pouce cube.		
Or	1326 liv.	4 onc.	12 onc.	2 gros	17 gr.
Mercure . .	946	10	8	6	8
Plomb. . .	802	2	7	3	30
Argent. . .	720	12	6	5	28
Cuivre. . .	627	12	5	6	36
Fer commun.	558		5	1	24
Étain . . .	516	2	4	6	17
Marbre blanc.	188	12	1	6	
Pierre de taille.	139	8	1	2	4
Eau de Seine.	69	12		5	12
Vin. . . .	68	6		5	5
Cire. . . .	66	4		4	65
Huille . . .	64			4	43
Chêne sec. .	58	4		4	22
Noyer. . .	41	12		3	6
Sapin sec . .	27				
Sapin vert. .	36				

a

HAUSSEMENT

Du Niveau apparent au-dessus du vrai.

Distances.	Toises.	Pieds.	Pouc.	Lignes.	Points
50					5
60					6
70					8
80					10
90				1	1
100				1	4
120				1	11
140				2	7
150				3	0
160				3	5
180				4	3
200				5	4
220				6	5
240				7	7
250				8	4
260				9	0
280				10	5
300				11	11
320			1	1	6
340			1	3	3
350			1	4	3
360			1	5	0
380			1	7	1
400			1	9	2
420			1	11	4
440			2	1	7
450			2	3	0
460			2	4	0

Distances.	Toises.	Pieds.	Pouc.	Lignes.	Points
480			2	6	5
500			2	9	0
520			2	11	9
540			3	2	6
550			3	3	11
560			3	5	5
580			3	8	5
600			3	11	6
650			4	7	9
700			5	4	8
750			6	2	3
800			7	0	6
850			7	11	4
900			8	10	11
950			9	11	1
1000			11	0	0
1050		1	0	0	0
1100		1	1	3	8
1150		1	2	6	10
1200		1	3	10	1
1250		1	5	2	3
1300		1	6	7	3
1400		1	9	6	8
1500		2	0	9	0
1600		2	4	1	11
1700		2	7	9	5
1800		2	11	7	8
1900		3	3	8	6
2000		3	8	0	0
2100		4	0	6	1
2200		4	5	2	10
2300		4	10	2	3
2400		5	3	4	4

Distances.	Toises.	Pieds.	Pouc.	Lignes.	Points
2500		5	8	9	0
2600	1	0	2	4	4
2700	1	0	8	2	3
2800	1	1	2	2	10
2900	1	1	8	6	1
3000	1	2	3	0	0
3100	1	2	9	8	6
3200	1	3	4	7	8
3300	1	3	11	9	6
3400	1	4	7	3	11
3500	1	5	2	9	0
3600	1	5	10	6	8
3700	2	0	6	7	1
3800	2	1	2	10	1
3900	2	1	11	3	8
4000	2	2	8	0	0
4100	2	3	4	10	11
4200	2	4	2	0	6
4300	2	4	11	4	8
4400	2	5	8	11	6
4500	3	0	6	9	0
4600	3	1	4	9	1
4700	3	2	2	11	11
4800	3	3	1	5	3
4900	3	4	0	1	4
5000	3	4	11	0	0
6000	5	3	0	0	0

TANGENTE DE O DEGRÉS.

MINUTES.	TOISES.	PIEDS.	POUCES.	LIGNES.	POINTS.	MINUTES.	TOISES.	PIEDS.	POUCES.	LIGNES.	POINTS.
1			2	1	1	31		5	4	11	2
2			4	2	2	32		5	7	0	4
3			6	3	2	33		5	9	1	5
4			8	4	3	34		5	11	2	6
5			10	5	2	35	1	0	1	3	7
6		1	0	7	3	36	1	0	3	4	7
7		1	2	8	3	37	1	0	5	5	8
8		1	4	9	4	38	1	0	7	7	8
9		1	6	10	5	39	1	0	9	8	8
10		1	8	11	6	40	1	0	11	9	9
11		1	11	0	6	41	1	1	1	10	10
12		2	1	1	6	42	1	1	3	11	11
13		2	3	2	7	43	1	1	6	0	11
14		2	5	3	7	44	1	1	8	1	0
15		2	7	4	8	45	1	1	10	3	0
16		2	9	5	9	46	1	2	0	4	1
17		2	11	7	8	47	1	2	2	5	2
18		3	1	8	8	48	1	2	4	6	2
19		3	3	9	9	49	1	2	6	7	2
20		3	5	10	10	50	1	2	8	8	1
21		3	7	11	10	51	1	2	10	9	2
22		3	10	0	11	52	1	3	0	11	3
23		4	0	2	0	53	1	3	3	0	3
24		4	2	3	0	54	1	3	5	1	4
25		4	4	4	1	55	1	3	7	2	5
26		4	6	5	2	56	1	3	9	3	5
27		4	8	6	2	57	1	3	11	4	6
28		4	10	8	1	58	1	4	1	5	7
29		5	0	9	2	59	1	4	3	6	7
30		5	2	10	3	60	1	4	5	8	7

TANGENTE D'UN DEGRÉ.

Minutes.	Toises.	Pieds.	Pouces.	Lignes.	Points.	Minutes.	Toises.	Pieds.	Pouces.	Lignes.	Points.
1	1	4	7	9	7	31	2	3	10	7	10
2	1	4	9	10	8	32	2	4	0	8	11
3	1	4	11	11	9	33	2	4	2	10	0
4	1	5	2	0	9	34	2	4	4	10	0
5	1	5	4	1	10	35	2	4	7	0	1
6	1	5	6	2	11	36	2	4	9	1	2
7	1	5	8	3	11	37	2	4	11	2	2
8	1	5	10	5	0	38	2	5	1	3	3
9	2	0	0	6	1	39	2	5	3	5	2
10	2	0	2	7	1	40	2	5	5	6	3
11	2	0	4	9	0	41	2	5	7	7	4
12	2	0	6	10	1	42	2	5	9	8	4
13	2	0	8	11	2	43	2	5	11	6	6
14	2	0	11	0	2	44	3	0	1	10	6
15	2	1	1	1	3	45	3	0	3	11	6
16	2	1	3	2	4	46	3	0	6	0	7
17	2	1	5	3	4	47	3	0	8	2	6
18	2	1	7	4	5	48	3	0	10	3	7
19	2	1	9	5	6	49	3	1	0	4	7
20	2	1	11	7	5	50	3	1	2	5	8
21	2	2	1	8	5	51	3	1	4	6	9
22	2	2	3	9	6	52	3	1	6	7	9
23	2	2	5	10	7	53	3	1	8	8	10
24	2	2	7	11	7	54	3	1	10	9	11
25	2	2	10	0	8	55	3	2	0	11	0
26	2	3	0	1	9	56	3	2	3	0	10
27	2	3	2	2	9	57	3	2	5	1	11
28	2	3	4	3	10	58	3	2	7	3	0
29	2	3	6	4	11	59	3	2	9	4	0
30	2	3	8	6	10	60	3	2	11	5	1

TANGENTE DE 2 DEGRÉS.

Minutes.	Toises.	Pieds.	Pouces.	Lignes.	Points.	Minutes.	Toises.	Pieds.	Pouces.	Lignes.	Points.
1	3	3	1	6	2	31	4	2	4	5	3
2	3	3	3	7	2	32	4	2	6	6	4
3	3	3	5	8	3	33	4	2	8	8	3
4	3	3	7	10	2	34	4	2	10	9	4
5	3	3	9	11	3	35	4	3	0	10	4
6	3	4	0	0	3	36	4	3	2	11	5
7	3	4	2	1	4	37	4	3	5	0	6
8	3	4	4	2	5	38	4	3	7	1	6
9	3	4	6	3	5	39	4	3	9	2	7
10	3	4	8	4	6	40	4	3	11	4	6
11	3	4	10	5	7	41	4	4	1	5	7
12	3	5	0	7	6	42	4	4	3	6	7
13	3	5	2	8	7	43	4	4	5	7	8
14	3	5	4	9	7	44	4	4	7	8	9
15	3	5	6	10	8	45	4	4	9	9	10
16	3	5	8	11	9	46	4	4	11	11	9
17	3	5	11	0	9	47	4	5	2	0	9
18	4	0	1	1	10	48	4	5	4	1	10
19	4	0	3	3	9	49	4	5	6	2	11
20	4	0	5	4	10	50	4	5	8	3	11
21	4	0	7	5	11	51	4	5	10	5	0
22	4	0	9	6	11	52	5	0	0	6	1
23	4	0	11	8	0	53	5	0	2	8	0
24	4	1	1	9	0	54	5	0	4	9	0
25	4	1	3	10	0	55	5	0	6	10	1
26	4	1	6	0	0	56	5	0	8	11	2
27	4	1	8	1	0	57	5	0	10	0	2
28	4	1	10	2	1	58	5	1	1	1	3
29	4	2	0	3	2	59	5	1	3	3	2
30	4	2	2	4	3	60	5	1	5	4	3

TANGENTE DE 3 DEGRÉS.

Minutes.	Toises.	Pieds.	Pouces.	Lignes.	Points.
1	5	1	7	5	3
2	5	1	9	6	4
3	5	1	11	7	5
4	5	2	1	8	5
5	5	2	3	10	4
6	5	2	5	11	5
7	5	2	8	0	6
8	5	2	10	1	6
9	5	3	0	2	7
10	5	3	2	4	6
11	5	3	4	5	7
12	5	3	6	6	7
13	5	3	8	7	8
14	5	3	10	8	9
15	5	4	0	9	10
16	5	4	2	11	9
17	5	4	5	0	9
18	5	4	7	1	10
19	5	4	9	2	11
20	5	4	11	3	11
21	5	5	1	5	10
22	5	5	3	6	11
23	5	5	5	8	0
24	5	5	7	9	0
25	5	5	9	10	0
26	5	5	11	11	2
27	6	0	2	1	1
28	6	0	4	2	1
29	6	0	6	3	2
30	6	0	8	6	3

Minutes.	Toises.	Pieds.	Pouces.	Lignes.	Points.
31	6	0	10	6	3
32	6	1	0	7	2
33	6	1	2	8	3
34	6	1	4	9	4
35	6	1	6	10	4
36	6	1	8	11	5
37	6	1	11	1	4
38	6	2	1	2	5
39	6	2	3	3	5
40	6	2	5	4	6
41	6	2	7	6	5
42	6	2	9	7	6
43	6	2	11	8	7
44	6	3	1	9	7
45	6	3	3	10	8
46	6	3	6	0	7
47	6	3	8	1	8
48	6	3	10	2	8
49	6	4	0	3	9
50	6	4	2	4	10
51	6	4	4	6	9
52	6	4	6	7	9
53	6	4	8	8	10
34	6	4	10	9	11
55	6	5	0	11	10
56	6	5	3	0	10
57	6	5	5	1	11
58	6	5	7	3	0
59	6	5	9	4	0
60	6	5	11	5	0

TANGENTE DE 4 DEGRÉS.

MINUTES.	TOISES.	PIEDS.	POUCES.	LIGNES.	POINTS.	MINUTES.	TOISES.	PIEDS.	POUCES.	LIGNES.	POINTS.
1	7	0	1	7	0	31	7	5	4	8	9
2	7	0	3	8	1	32	7	5	6	10	9
3	7	0	5	9	1	33	7	5	8	11	9
4	7	0	7	11	1	34	7	5	11	0	9
5	7	0	10	0	1	35	8	0	1	2	8
6	7	1	0	1	2	36	8	0	3	3	9
7	7	1	2	2	2	37	8	0	5	4	10
8	7	1	4	4	2	38	8	0	7	5	10
9	7	1	6	5	2	39	8	0	9	7	9
10	7	1	8	6	3	40	8	0	11	8	10
11	7	1	11	9	3	41	8	1	1	9	11
12	7	2	0	9	3	42	8	1	3	11	10
13	7	2	2	10	3	43	8	1	6	0	9
14	7	2	4	11	4	44	8	1	8	1	11
15	7	2	7	0	4	45	8	1	10	3	10
16	7	2	9	2	4	46	8	2	0	4	11
17	7	2	11	3	4	47	8	2	2	5	11
18	7	3	1	4	5	48	8	2	4	7	0
19	7	3	3	5	6	49	8	2	6	9	0
20	7	3	5	7	5	50	8	2	8	10	0
21	7	3	7	8	5	51	8	2	10	11	0
22	7	3	9	9	6	52	8	3	1	0	0
23	7	3	11	10	6	53	8	3	3	2	0
24	7	4	2	0	6	54	8	3	5	3	2
25	7	4	4	1	6	55	8	3	7	4	2
26	7	4	6	2	7	56	8	3	9	6	1
27	7	4	8	3	7	57	8	3	11	8	1
28	7	4	10	5	7	58	8	4	1	8	2
29	7	5	0	6	7	59	8	4	3	10	2
30	7	5	2	7	8	60	8	4	5	11	2

b

TANGENTE DE 5 DEGRÉS.

Minutes.	Toises.	Pieds.	Pouces.	Lignes.	Points.
1	8	4	8	0	2
2	8	4	10	1	3
3	8	5	0	3	2
4	8	5	2	4	3
5	8	5	4	5	3
6	8	5	6	7	2
7	8	5	8	8	3
8	8	5	10	9	4
9	9	0	0	11	3
10	9	0	3	0	3
11	9	0	5	1	4
12	9	0	7	3	3
13	9	0	9	4	4
14	9	0	11	5	5
15	9	1	1	7	4
16	9	1	3	8	4
17	9	1	5	9	5
18	9	1	7	11	4
19	9	1	10	0	5
20	9	2	0	1	5
21	9	2	2	3	4
22	9	2	4	4	5
23	9	2	6	5	6
24	9	2	8	7	5
25	9	2	10	8	5
26	9	3	0	9	6
27	9	3	2	11	5
28	9	3	5	0	6
29	9	3	7	2	5
30	9	3	9	3	5

Minutes.	Toises.	Points.	Pouces.	Lignes.	Points.
31	9	3	11	9	4
32	9	4	1	6	5
33	9	4	3	7	6
34	9	4	5	8	6
35	9	4	7	10	6
36	9	4	9	11	6
37	9	5	0	0	7
38	9	5	2	2	6
39	9	5	4	3	7
40	9	5	6	5	6
41	9	5	8	6	6
42	9	5	10	7	7
43	10	0	0	9	6
44	10	0	2	10	7
45	10	0	4	11	6
46	10	0	7	1	6
47	10	0	9	2	7
48	10	0	11	4	6
49	10	1	1	5	7
50	10	1	3	6	7
51	10	1	5	8	7
52	10	1	7	9	7
53	10	1	9	11	6
54	10	2	0	0	7
55	10	2	2	1	8
56	10	2	4	3	7
57	10	2	6	4	7
58	10	2	8	6	6
59	10	2	10	7	8
60	10	3	0	8	8

TANGENTE DE 6 DEGRÉS.

Minutes.	Toises.	Pieds.	Pouces.	Lignes.	Points.
1	10	3	2	10	7
2	10	3	4	11	8
3	10	3	7	1	7
4	10	3	9	2	7
5	10	3	11	4	6
6	10	4	1	5	7
7	10	4	3	6	7
8	10	4	5	8	7
9	10	4	7	9	7
10	10	4	9	11	6
11	10	5	0	0	8
12	10	5	2	1	8
13	10	5	4	3	7
14	10	5	6	4	7
15	10	5	8	6	6
16	10	5	10	7	7
17	11	0	0	9	6
18	11	0	2	10	7
19	11	0	5	0	7
20	11	0	7	1	6
21	11	0	9	2	7
22	11	0	11	4	6
23	11	1	1	5	9
24	11	1	3	7	6
25	11	1	5	8	7
26	11	1	7	10	6
27	11	1	9	11	6
28	11	2	0	1	3
29	11	2	2	2	6
30	11	2	4	4	5
31	11	2	6	5	6
32	11	2	8	7	5
33	11	2	10	8	5
34	11	3	0	9	6
35	11	3	2	11	5
36	11	3	5	0	6
37	11	3	7	2	5
38	11	3	8	3	5
39	11	3	11	5	5
40	11	4	1	6	5
41	11	4	3	8	4
42	11	4	5	9	5
43	11	4	7	11	8
44	11	4	10	0	5
45	11	5	0	2	4
46	11	5	2	3	4
47	11	5	4	5	3
48	11	5	6	6	4
49	11	5	8	8	3
50	11	5	10	9	4
51	12	0	0	11	3
52	12	0	3	0	3
53	12	0	5	2	2
54	12	0	7	3	3
55	12	0	9	5	2
56	12	0	11	6	2
57	12	1	1	8	1
58	12	1	3	9	2
59	12	1	5	11	1
60	12	1	8	0	2

TANGENTE DE 7 DEGRÉS.

MINUTES.	TOISES.	PIEDS.	POUCES.	LIGNES.	POINTS.	MINUTES.	TOISES.	PIEDS.	POUCES.	LIGNES.	POINTS.
1	12	1	10	2	1	31	13	1	2	0	6
2	12	2	0	4	0	32	13	1	4	1	6
3	12	2	2	5	1	33	13	1	6	3	5
4	12	2	4	7	0	34	13	1	8	5	4
5	12	2	6	8	0	35	13	1	10	6	5
6	12	2	8	10	0	36	13	2	0	8	4
7	12	2	10	11	0	37	13	2	2	9	5
8	12	3	1	0	11	38	13	2	4	11	4
9	12	3	3	2	0	39	13	2	7	1	3
10	12	3	5	3	11	40	13	2	9	2	4
11	12	3	7	5	0	41	13	2	11	4	3
12	12	3	9	6	11	42	13	3	1	6	2
13	12	3	11	8	0	43	13	3	3	7	2
14	12	4	1	9	11	44	13	3	5	9	1
15	12	4	3	11	10	45	13	3	7	10	2
16	12	4	6	0	10	46	13	3	10	0	1
17	12	4	8	2	9	47	13	4	0	2	0
18	12	4	10	3	10	48	13	4	2	3	0
19	12	5	0	5	9	49	13	4	4	5	0
20	12	5	2	6	9	50	13	4	6	6	11
21	12	5	4	8	9	51	13	4	8	8	0
22	12	5	6	10	8	52	13	4	10	9	11
23	12	5	8	11	8	53	13	5	0	11	10
24	12	5	11	1	7	54	13	5	3	0	10
25	13	0	1	2	8	55	13	5	5	2	9
26	13	0	3	4	7	56	13	5	7	3	10
27	13	0	5	5	8	57	13	5	9	5	10
28	13	0	7	7	7	58	13	5	11	7	8
29	13	0	9	9	6	59	14	0	1	8	9
30	13	0	11	11	9	60	14	0	3	10	7

Minutes.	Toises.	Pieds.	Pouces.	Lignes.	Points.	Minutes.	Toises.	Pieds.	Pouces.	Lignes.	Points.
1	14	0	6	0	7	31	14	5	10	2	5
2	14	0	8	1	7	32	15	0	2	4	5
3	14	0	10	3	6	33	15	0	4	5	4
4	14	1	0	5	6	34	15	0	6	7	3
5	14	1	1	4	1	35	15	0	8	9	2
6	14	1	4	8	5	36	15	0	8	11	2
7	14	1	6	10	5	37	15	0	11	0	2
8	14	1	8	11	5	38	15	1	1	2	1
9	14	1	11	1	4	39	15	1	3	4	0
10	14	2	1	3	3	40	15	1	5	5	11
11	14	2	3	5	2	41	15	1	7	7	0
12	14	2	5	6	2	42	15	1	9	8	11
13	14	2	7	8	2	43	15	1	11	10	10
14	14	2	9	10	1	44	15	2	2	0	9
15	14	2	11	11	2	45	15	2	4	1	10
16	14	3	2	1	1	46	15	2	6	3	9
17	14	3	4	3	0	47	15	2	8	5	8
18	14	3	6	4	1	48	15	2	10	7	7
19	14	3	8	6	0	49	15	3	0	9	6
20	14	3	10	7	10	50	15	3	2	10	7
21	14	4	0	9	9	51	15	3	5	0	6
22	14	4	2	10	10	52	15	3	7	2	5
23	14	4	5	0	9	53	15	3	9	4	4
24	14	4	7	2	8	54	15	3	11	6	3
25	14	4	9	3	9	55	15	4	1	7	4
26	14	4	11	5	8	56	15	4	3	9	2
27	14	5	1	7	7	57	15	4	5	11	2
28	14	5	3	9	6	58	15	4	8	1	1
29	14	5	5	10	7	59	15	4	8	6	0
30	14	5	8	0	6	60	15	5	0	4	0

TANGENTE DE 9 DEGRÉS.

Minutes.	Toises.	Piéds.	Pouces.	Lignes.	Points.	Minutes.	Toises.	Piéds.	Pouces.	Lignes.	Points.
1	15	5	2	5	11	31	16	4	7	0	1
2	15	5	4	7	10	32	16	4	9	2	0
3	15	5	6	9	9	33	16	4	11	3	11
4	15	5	8	11	9	34	16	5	1	5	10
5	15	5	11	1	7	35	16	5	3	7	9
6	16	0	1	2	8	36	16	5	5	9	8
7	16	0	3	4	7	37	16	5	7	11	7
8	16	0	5	6	6	38	16	5	10	1	6
9	16	0	7	8	5	39	17	0	0	3	5
10	16	0	9	10	4	40	17	0	2	4	6
11	16	1	0	0	3	41	17	0	4	6	5
12	16	1	2	1	4	42	17	0	6	9	7
13	16	1	4	3	3	43	17	0	8	10	3
14	16	1	6	5	2	44	17	0	11	0	2
15	16	1	8	7	0	45	17	1	1	2	1
16	16	1	10	9	0	46	17	1	3	4	0
17	16	2	0	10	11	47	17	1	5	5	11
18	16	2	3	0	10	48	17	1	7	7	10
19	16	2	5	2	9	49	17	1	9	9	9
20	16	2	7	3	10	50	17	1	11	11	8
21	16	2	9	5	9	51	17	2	2	1	7
22	16	2	11	7	8	52	17	2	4	3	4
23	16	3	1	9	7	53	17	2	6	5	6
24	16	3	3	11	6	54	17	2	8	7	5
25	16	3	6	1	5	55	17	2	10	9	4
26	16	3	8	3	4	56	17	3	0	11	3
27	16	3	10	5	4	57	17	3	3	1	2
28	16	4	0	6	4	58	17	3	5	3	1
29	16	4	2	8	7	59	17	3	7	5	0
30	16	4	4	10	2	60	17	3	9	6	11

Minutes.	Toises.	Pieds.	Pouces.	Lignes.	Points.
1	17	3	11	8	9
2	17	4	1	10	9
3	17	4	4	0	8
4	17	4	6	2	7
5	17	4	8	4	6
6	17	4	10	6	2
7	17	5	0	8	4
8	17	5	2	10	3
9	17	5	5	0	2
10	17	5	7	2	1
11	17	5	9	1	5
12	17	5	11	5	11
13	18	0	1	7	10
14	18	0	3	9	9
15	18	0	5	11	8
16	18	0	8	1	7
17	18	0	10	3	4
18	18	1	0	5	6
19	18	1	2	7	5
20	18	1	4	9	4
21	18	1	6	11	3
22	18	1	9	1	2
23	18	1	11	3	1
24	18	2	1	4	11
25	18	2	3	7	9
26	18	2	5	9	8
27	18	2	7	11	7
28	18	2	10	1	6
29	18	3	0	3	5
30	18	3	2	5	4
31	18	3	4	7	3
32	18	3	6	9	2
33	18	3	8	11	2
34	18	3	11	1	1
35	18	4	1	3	0
36	18	4	4	3	0
37	18	4	5	7	8
38	18	4	7	9	6
39	18	4	9	11	4
40	18	5	0	1	5
41	18	5	2	3	3
42	18	5	4	5	2
43	18	5	6	7	1
44	18	5	8	9	11
45	18	5	10	11	10
46	19	0	1	1	9
47	19	0	3	3	8
48	19	0	5	5	6
49	19	0	7	7	6
50	19	0	9	9	6
51	19	0	11	11	6
52	19	1	1	2	2
53	19	1	4	4	1
54	19	1	6	6	0
55	19	1	8	7	10
56	19	1	10	9	11
57	19	2	0	11	10
58	19	2	3	2	7
59	19	2	5	4	6
60	19	2	7	6	5

TANGENTE DE 11 DEGRÉS.

Minutes.	Toises.	Pieds.	Pouces.	Lignes.	Points.	Minutes.	Toises.	Pieds.	Pouces.	Lignes.	Points.
1	19	2	9	7	11	31	20	2	3	0	10
2	19	2	11	10	6	32	20	2	5	2	9
3	19	3	2	1	1	33	20	2	7	4	8
4	19	3	4	3	0	34	20	2	9	6	7
5	19	3	6	4	11	35	20	2	11	9	5
6	19	3	8	6	10	36	20	3	1	11	4
7	19	3	10	8	9	37	20	3	4	1	3
8	19	4	0	11	6	38	20	3	6	4	0
9	19	4	3	1	5	39	20	3	8	5	11
10	19	4	5	3	4	40	20	3	10	7	10
11	19	4	7	5	3	41	20	4	0	10	8
12	19	4	9	8	1	42	20	4	3	0	7
13	19	4	11	10	0	43	20	4	5	2	5
14	19	5	1	11	11	44	20	4	7	5	3
15	19	5	4	1	10	45	20	4	9	7	2
16	19	5	6	3	9	46	20	4	11	9	1
17	19	5	8	6	6	47	20	5	1	11	11
18	19	5	10	8	5	48	20	5	4	1	10
19	20	0	0	10	4	49	20	5	6	3	9
20	20	0	3	0	3	50	20	5	8	6	6
21	20	0	5	3	0	51	20	5	10	8	5
22	20	0	7	5	0	52	21	0	0	11	3
23	20	0	9	6	11	53	21	0	3	1	2
24	20	0	11	9	8	54	21	0	5	3	1
25	20	1	1	11	7	55	21	0	7	5	10
26	20	1	4	1	6	56	21	0	9	7	9
27	20	1	6	3	5	57	21	0	11	9	8
28	20	1	8	6	3	58	21	1	2	0	6
29	20	1	10	8	2	59	21	1	4	2	5
30	20	2	0	10	1	60	21	1	6	5	2

TANGENTE DE 12 DEGRÉS.

Minutes.	Toises.	Pieds.	Pouces.	Lignes.	Points.	Minutes.	Toises.	Pieds.	Pouces.	Lignes.	Points.
1	21	1	8	7	1	31	22	1	2	4	10
2	21	1	10	9	0	32	22	1	4	7	7
3	21	2	0	11	10	33	22	1	6	9	6
4	21	2	3	1	9	34	22	1	9	0	3
5	21	2	5	4	6	35	22	1	11	2	2
6	21	2	7	6	2	36	22	2	1	5	0
7	21	2	9	9	2	37	22	2	3	7	6
8	21	2	11	11	2	38	22	2	5	9	8
9	21	3	2	1	1	39	22	2	7	11	7
10	21	3	4	3	10	40	22	2	10	2	5
11	21	3	6	5	9	41	22	3	0	4	4
12	21	3	8	8	6	42	22	3	2	7	1
13	21	3	10	10	5	43	22	3	4	9	11
14	21	4	1	1	3	44	22	3	6	11	10
15	21	4	3	3	2	45	22	3	9	2	7
16	21	4	5	5	11	46	22	3	11	4	6
17	21	4	7	7	10	47	22	4	1	7	3
18	21	4	9	10	8	48	22	4	3	9	2
19	21	5	0	0	7	49	22	4	6	0	0
20	21	5	2	2	6	50	22	4	8	2	9
21	21	5	4	5	3	51	22	4	10	4	8
22	21	5	6	7	2	52	22	5	0	7	6
23	21	5	8	10	0	53	22	5	2	9	5
24	21	5	10	11	6	54	22	5	5	0	2
25	22	0	0	7	6	55	22	5	7	2	11
26	22	0	3	4	7	56	22	5	9	4	10
27	22	0	5	7	5	57	22	5	11	7	8
28	22	0	7	9	4	58	23	0	1	9	5
29	22	0	10	0	1	59	23	0	4	0	2
30	22	1	0	2	0	60	23	0	6	2	2

C

TANGENTE DE 13 DEGRÉS.

MINUTES.	TOISES.	PIEDS.	POUCES.	LIGNES.	POINTS.
1	23	0	8	5	8
2	23	0	10	7	10
3	23	1	0	10	8
4	23	1	3	0	7
5	23	1	5	3	4
6	23	1	7	6	3
7	23	1	9	8	1
8	23	1	11	10	10
9	23	2	2	1	7
10	23	2	4	3	7
11	23	2	6	6	4
12	23	2	8	9	1
13	23	2	10	11	0
14	23	3	1	1	10
15	23	3	3	4	7
16	23	3	5	7	5
17	23	3	7	9	4
18	23	3	10	0	1
19	23	4	0	2	10
20	23	4	2	4	10
21	23	4	4	7	7
22	23	4	6	10	4
23	23	4	9	1	2
24	23	4	11	3	1
25	23	5	1	5	10
26	23	5	3	8	8
27	23	5	5	11	5
28	23	5	8	1	4
29	23	5	10	4	1
30	24	0	0	6	11

MINUTES.	TOISES.	PIEDS.	POUCES.	LIGNES.	POINTS.
31	24	0	2	9	8
32	24	0	4	11	7
33	24	0	7	2	4
34	24	0	9	5	2
35	24	0	11	7	11
36	24	1	1	10	9
37	24	1	4	0	8
38	24	1	6	3	5
39	24	1	8	6	3
40	24	1	10	9	0
41	24	2	0	11	10
42	24	2	3	1	9
43	24	2	5	4	6
44	24	2	7	7	3
45	24	2	9	10	1
46	24	3	0	0	10
47	24	3	2	3	8
48	24	3	4	5	7
49	24	3	6	8	4
50	24	3	8	11	2
51	24	3	11	1	11
52	24	4	1	4	8
53	24	4	3	7	6
54	24	4	5	9	5
55	24	4	8	0	2
56	24	4	10	3	0
57	24	5	0	5	9
58	24	5	2	8	6
59	24	5	4	11	4
60	24	5	7	2	1

TANGENTE DE 14 DEGRÉS.

Minutes.	Toises.	Pieds.	Pouces.	Lignes.	Points.	Minutes.	Toises.	Pieds.	Pouces.	Lignes.	Points.
1	24	5	9	4	11	31	25	5	4	3	4
2	24	5	11	7	8	32	25	5	6	6	4
3	25	0	1	10	5	33	25	5	8	9	1
4	25	0	4	0	2	34	25	5	10	11	11
5	25	0	6	3	2	35	26	0	1	2	8
6	25	0	8	5	11	36	26	0	3	5	6
7	25	0	10	8	9	37	26	0	5	8	3
8	25	1	0	11	6	38	26	0	7	11	0
9	25	1	3	2	4	39	26	0	10	1	10
10	25	1	5	5	1	40	26	1	0	4	7
11	25	1	7	7	10	41	26	1	2	7	5
12	25	1	9	10	8	42	26	1	4	11	0
13	25	2	0	1	5	43	26	1	7	1	10
14	25	2	2	4	2	44	26	1	9	4	7
15	25	2	4	7	0	45	26	1	11	7	5
16	25	2	6	9	9	46	26	2	1	10	2
17	25	2	9	0	6	47	26	2	4	0	11
18	25	2	11	3	4	48	26	2	6	3	9
19	25	3	1	6	2	49	26	2	8	6	6
20	25	3	3	8	11	50	26	2	10	9	4
21	25	3	5	11	8	51	26	3	1	0	11
22	25	3	8	2	6	52	26	3	3	3	9
23	25	3	10	5	3	53	26	3	5	6	6
24	25	4	0	8	1	54	26	3	7	9	4
25	25	4	2	10	10	55	26	3	10	0	1
26	25	4	5	1	7	56	26	4	0	2	10
27	25	4	7	4	5	57	26	4	2	5	8
28	25	4	9	7	2	58	26	4	4	9	4
29	25	4	11	10	0	59	26	4	7	0	1
30	25	5	2	9	0	60	26	4	9	2	10

TANGENTE DE 15 DEGRÉS.

Minutes.	Toises.	Pieds.	Pouces.	Lignes.	Points.	Minutes.	Toises.	Pieds.	Pouces.	Lignes.	Points.
1	26	4	11	5	8	31	27	4	7	0	1
2	26	5	1	8	5	32	27	4	9	2	10
3	26	5	3	11	3	33	27	4	11	5	3
4	26	5	6	2	10	34	27	5	1	9	4
5	26	5	8	10	8	35	27	5	4	0	1
6	26	5	10	7	3	36	27	5	6	3	9
7	27	0	0	11	3	37	27	5	8	6	6
8	27	0	3	4	11	38	27	5	10	9	4
9	27	0	5	5	8	39	28	0	1	0	11
10	27	0	7	8	5	40	28	0	3	3	9
11	27	0	9	11	3	41	28	0	5	6	6
12	27	1	0	2	0	42	28	0	7	10	2
13	27	1	2	5	8	43	28	1	5	3	4
14	27	1	4	8	5	44	28	1	0	4	7
15	27	1	6	11	1	45	28	1	2	7	5
16	27	1	9	2	0	46	28	1	4	10	3
17	27	1	11	5	8	47	28	1	4	1	10
18	27	2	1	8	5	48	28	1	9	4	7
19	27	2	3	11	3	49	28	1	11	8	4
20	27	2	6	2	0	50	28	2	1	11	0
21	27	2	8	5	7	51	28	2	4	1	9
22	27	2	10	8	5	52	28	2	6	5	6
23	27	3	0	11	3	53	28	2	8	8	3
24	27	3	3	2	10	54	28	2	10	11	11
25	27	3	5	5	8	55	28	3	1	2	8
26	27	3	7	8	5	56	28	3	3	6	4
27	27	3	9	11	3	57	28	3	5	9	1
28	27	4	0	2	10	58	28	3	8	0	9
29	27	4	2	5	8	59	28	3	10	3	4
30	27	4	4	8	5	60	28	4	0	7	2

TANGENTE DE 16 DEGRÉS.					
Minutes.	Toises.	Pieds.	Pouces.	Lignes.	Points.
1	28	4	2	10	0
2	28	4	5	1	7
3	28	4	7	4	4
4	28	4	9	8	1
5	28	4	11	10	10
6	28	5	2	2	6
7	28	5	4	5	3
8	28	5	6	8	11
9	28	5	8	9	1
10	28	5	11	3	4
11	29	0	1	6	2
12	29	0	3	9	9
13	29	0	6	0	7
14	29	0	8	4	3
15	29	0	10	7	0
16	29	1	0	10	7
17	29	1	3	1	5
18	29	1	5	5	1
19	29	1	7	8	9
20	29	1	9	11	6
21	29	2	0	3	2
22	29	2	2	4	3
23	29	2	4	9	7
24	29	2	7	0	0
25	29	2	9	4	0
26	29	2	11	7	8
27	29	3	1	10	5
28	29	3	4	2	5
29	29	3	6	5	6
30	29	3	8	8	6
31	29	3	10	0	2
32	29	4	1	3	10
33	29	4	3	4	3
34	29	4	5	10	3
35	29	4	8	1	10
36	29	4	10	5	11
37	29	5	0	8	1
38	29	5	3	0	0
39	29	5	5	2	9
40	29	5	7	6	4
41	29	5	9	10	1
42	30	0	0	0	10
43	30	0	2	4	3
44	30	0	4	10	1
45	30	0	6	11	10
46	30	0	8	2	7
47	30	0	11	6	5
48	30	1	1	9	1
49	30	1	4	1	6
50	30	1	6	4	4
51	30	1	8	8	0
52	30	1	10	11	7
53	30	2	1	2	1
54	30	2	3	6	0
55	30	2	5	9	8
56	30	2	8	1	4
57	30	2	10	5	6
58	30	3	0	7	9
59	30	3	2	11	5
60	30	3	5	3	1

Minutes.	Toises.	Pieds.	Pouces.	Lignes.	Points.	Minutes.	Toises.	Pieds.	Pouces.	Lignes.	Points.
1	30	3	7	6	9	31	31	3	4	5	7
2	30	3	9	10	4	32	31	3	6	9	2
3	30	4	0	2	0	33	31	3	9	0	10
4	30	4	2	4	10	34	31	3	11	4	6
5	30	4	4	9	2	35	31	4	1	8	1
6	30	4	7	0	1	36	31	4	3	11	10
7	30	4	9	3	9	37	31	4	6	3	5
8	30	4	11	7	5	38	31	4	8	7	1
9	30	5	1	11	0	39	31	4	10	10	9
10	30	5	4	1	10	40	31	5	1	3	5
11	30	5	6	6	8	41	31	5	3	6	0
12	30	5	8	9	1	42	31	5	6	6	4
13	30	5	11	0	8	43	31	5	8	1	4
14	31	0	1	4	5	44	31	5	10	5	8
15	31	0	3	8	1	45	32	0	0	8	8
16	31	0	5	11	6	46	32	0	3	0	3
17	31	0	8	3	4	47	32	0	5	3	11
18	31	0	10	7	0	48	32	0	7	7	0
19	31	1	0	9	9	49	32	0	10	0	1
20	31	1	3	1	5	50	32	1	0	3	9
21	31	1	5	5	1	51	32	1	2	7	5
22	31	1	7	8	7	52	32	1	4	11	0
23	31	1	10	0	5	53	32	1	7	2	8
24	31	2	0	4	0	54	32	1	9	0	3
25	31	2	2	7	8	55	32	1	11	10	0
26	31	2	4	11	4	56	32	2	2	1	7
27	31	2	7	3	0	57	32	2	4	6	2
28	31	2	9	6	7	58	32	2	6	9	9
29	31	2	11	10	3	59	32	2	9	1	5
30	31	3	2	1	11	60	32	2	11	5	1

TANGENTE DE 18 DEGRÉS.

Minutes.	Toises.	Pieds.	Pouces.	Lignes.	Points.	Minutes.	Toises.	Pieds.	Pouces.	Lignes.	Points.
1	32	3	1	8	10	31	33	2	11	5	0
2	32	3	4	0	8	32	33	3	1	8	11
3	32	3	6	4	5	33	33	3	4	1	0
4	32	3	8	8	3	34	33	3	6	5	0
5	32	3	11	0	1	35	33	3	8	9	1
6	32	4	1	3	11	36	33	3	11	1	1
7	32	4	3	7	9	37	33	4	1	5	2
8	32	4	5	11	7	38	33	4	3	9	3
9	32	4	8	3	5	39	33	4	6	1	3
10	32	4	10	7	3	40	33	4	8	5	4
11	32	5	0	11	2	41	33	4	10	9	5
12	32	5	3	3	0	42	33	5	1	1	7
13	32	5	5	6	11	43	33	5	3	5	7
14	32	5	7	10	10	44	33	5	5	9	8
15	32	5	10	2	9	45	33	5	8	1	10
16	33	0	0	6	8	46	33	5	10	5	11
17	33	0	2	10	7	47	34	0	0	10	2
18	33	0	5	2	6	48	34	0	3	2	3
19	33	0	7	6	6	49	34	0	5	6	5
20	33	0	9	10	5	50	34	0	7	10	7
21	33	1	0	2	5	51	34	0	10	2	9
22	33	1	2	6	4	52	34	1	0	6	11
23	33	1	4	10	4	53	34	1	2	11	2
24	33	1	7	2	4	54	34	1	5	3	4
25	33	1	9	6	4	55	34	1	7	5	5
26	33	1	11	10	4	56	34	1	9	9	6
27	33	2	2	2	5	57	34	2	0	1	7
28	33	2	4	6	5	58	34	2	2	5	8
29	33	2	6	10	6	59	34	2	4	9	9
30	33	2	9	2	6	60	34	2	7	1	11

TANGENTE DE 19 DEGRÉS.

Minutes.	Toises.	Pieds.	Pouces.	Lignes.	Points.	Minutes.	Toises.	Pieds.	Pouces.	Lignes.	Points.
1	34	2	9	5	7	31	35	2	8	0	6
2	34	2	11	10	3	32	35	2	10	4	1
3	34	3	2	1	11	33	35	3	0	8	8
4	34	3	4	6	2	34	35	3	3	1	0
5	34	3	6	10	11	35	35	3	5	5	8
6	34	3	9	2	7	36	35	3	7	9	4
7	34	3	11	7	1	37	35	3	10	1	10
8	34	4	1	10	9	38	35	4	0	6	4
9	34	4	4	3	3	39	35	4	2	10	10
10	34	4	6	6	11	40	35	4	5	3	4
11	34	4	8	11	5	41	35	4	7	7	0
12	34	4	11	3	11	42	35	4	9	11	7
13	34	5	1	7	7	43	35	5	0	4	0
14	34	5	4	0	1	44	35	5	2	8	6
15	34	5	6	4	7	45	35	5	5	1	1
16	34	5	8	8	2	46	35	5	7	5	7
17	34	5	11	0	2	47	35	5	9	9	2
18	35	0	1	5	3	48	36	0	0	1	11
19	35	0	3	8	11	49	36	0	2	7	3
20	35	0	6	1	5	50	36	0	4	10	9
21	35	0	8	5	11	51	36	0	7	3	3
22	35	0	10	9	7	52	36	0	9	7	9
23	35	1	1	2	1	53	36	1	0	0	3
24	35	1	3	6	7	54	36	1	2	3	11
25	35	1	5	10	3	55	36	1	4	8	5
26	35	1	8	2	9	56	36	1	7	0	11
27	35	1	10	7	3	57	36	1	9	5	7
28	35	2	0	10	11	58	36	1	11	10	0
29	35	2	2	3	5	59	36	2	2	2	6
30	35	2	5	8	0	60	36	2	4	7	0

TANGENTE DE 20 DEGRÉS.

Minutes.	Toises.	Pieds.	Pouces.	Lignes.	Points.
1	36	2	6	11	6
2	36	2	9	4	0
3	36	2	11	8	6
4	36	3	2	1	1
5	36	3	4	8	0
6	36	3	6	10	1
7	36	3	9	2	7
8	36	3	11	7	1
9	36	4	1	11	7
10	36	4	4	4	2
11	36	4	6	8	8
12	36	4	9	1	2
13	36	4	11	5	8
14	36	5	1	10	2
15	36	5	4	2	8
16	36	5	6	7	2
17	36	5	8	11	8
18	36	5	11	4	3
19	37	0	1	8	8
20	37	0	4	1	3
21	37	0	6	5	9
22	37	0	8	10	3
23	37	0	11	3	8
24	37	1	1	8	2
25	37	1	4	0	8
26	37	1	6	5	2
27	37	1	8	9	8
28	37	1	11	2	2
29	37	2	1	6	9
30	37	2	3	11	3
31	37	2	6	4	7
32	37	2	8	9	1
33	37	2	11	1	8
34	37	3	1	6	2
35	37	3	3	10	8
36	37	3	6	4	0
37	37	3	8	8	6
38	37	3	11	1	1
39	37	4	1	5	7
40	37	4	3	10	1
41	37	4	6	3	6
42	37	4	8	8	0
43	37	4	11	0	6
44	37	5	1	5	0
45	37	5	3	10	5
46	37	5	6	2	11
47	37	5	8	7	5
48	37	5	10	6	9
49	38	0	1	5	3
50	38	0	3	9	9
51	38	0	6	2	4
52	38	0	8	7	8
53	38	0	10	11	7
54	38	1	1	4	8
55	38	1	3	10	1
56	38	1	6	2	7
57	38	1	8	7	1
58	38	1	11	0	6
59	38	2	1	5	0
60	38	2	3	9	6

Minutes.	Toises.	Pieds.	Pouces.	Lignes.	Points.	Minutes.	Toises.	Pieds.	Pouces.	Lignes.	Points.
1	38	2	6	2	11	31	39	2	6	7	2
2	38	2	8	7	5	32	39	2	8	11	8
3	38	2	11	0	9	33	39	2	11	5	1
4	38	3	1	5	3	34	39	3	1	10	6
5	38	3	3	9	9	35	39	3	4	3	0
6	38	3	6	3	2	36	39	3	6	8	4
7	38	3	8	7	8	37	39	3	9	0	10
8	38	3	11	1	1	38	39	3	11	6	3
9	38	4	1	5	7	39	39	4	1	11	7
10	38	4	3	10	11	40	39	4	4	4	1
11	38	4	6	3	5	41	39	4	6	9	6
12	38	4	8	8	0	42	39	4	8	2	11
13	38	4	11	1	4	43	39	4	11	8	3
14	38	5	1	5	10	44	39	5	2	0	9
15	38	5	3	11	3	45	39	5	4	6	2
16	38	5	6	3	9	46	39	5	6	11	6
17	38	5	8	9	1	47	39	5	9	4	0
18	38	5	11	1	8	48	39	5	11	9	5
19	39	0	1	7	0	49	40	0	2	3	0
20	39	0	3	11	6	50	40	0	4	8	2
21	39	0	6	4	4	51	40	0	7	0	8
22	39	0	8	9	5	52	40	0	9	6	0
23	39	0	11	2	9	53	40	0	11	11	5
24	39	1	1	8	2	54	40	1	2	4	10
25	39	1	4	0	8	55	40	1	4	10	8
26	39	1	6	6	1	56	40	1	7	2	8
27	39	1	8	10	7	57	40	1	9	8	1
28	39	1	11	3	11	58	40	2	0	1	5
29	39	2	1	10	10	59	40	2	2	6	10
30	39	2	4	1	10	60	40	2	5	0	2

TANGENTE DE 22 DEGRÉS.

MINUTES.	TOISES.	PIEDS.	POUCES.	LIGNES.	POINTS.	MINUTES.	TOISES.	PIEDS.	POUCES.	LIGNES.	POINTS.
1	40	2	7	4	8	31	41	2	8	9	1
2	40	2	9	10	1	32	41	2	11	3	4
3	40	3	0	3	5	33	41	3	1	8	9
4	40	3	2	8	10	34	41	3	4	2	6
5	40	3	5	2	2	35	41	3	6	7	10
6	40	3	7	7	7	36	41	3	9	0	3
7	40	3	10	1	4	37	41	3	11	6	7
8	40	4	0	6	4	38	41	4	1	11	0
9	40	4	2	10	10	39	41	4	4	5	0
10	40	4	5	4	3	40	41	4	6	11	7
11	40	4	7	9	7	41	41	4	9	4	0
12	40	4	10	3	0	42	41	4	11	10	4
13	40	4	11	5	11	43	41	5	2	3	9
14	40	5	3	1	9	44	41	5	4	8	1
15	40	5	5	7	1	45	41	5	7	2	4
16	40	5	8	0	6	46	41	5	9	8	9
17	40	5	10	5	10	47	42	0	0	1	1
18	41	0	0	11	3	48	42	0	2	7	6
19	41	0	3	4	7	49	42	0	5	6	9
20	41	0	5	10	0	50	42	0	7	0	1
21	41	0	8	3	4	51	42	0	10	7	2
22	41	0	10	8	9	52	42	1	0	10	10
23	41	1	1	2	1	53	42	1	2	4	3
24	41	1	3	7	6	54	42	1	5	10	6
25	41	1	6	0	10	55	42	1	7	3	10
26	41	1	8	6	3	56	42	1	10	10	1
27	41	1	10	11	7	57	42	2	0	10	1
28	41	2	1	5	0	58	42	2	3	3	5
29	41	2	3	10	4	59	42	2	5	8	10
30	41	2	6	3	9	60	42	2	8	2	2

Minutes.	Toises.	Pieds.	Pouces.	Lignes.	Points.	Minutes.	Toises.	Pieds.	Pouces.	Lignes.	Points.
1	42	2	10	8	5	31	43	3	1	1	10
2	42	3	1	8	10	32	43	3	3	7	2
3	42	3	3	8	1	33	43	3	6	1	5
4	42	3	6	1	5	34	43	3	8	7	8
5	42	3	8	6	10	35	43	3	10	1	1
6	42	3	10	1	1	36	43	4	1	7	4
7	42	4	1	6	5	37	43	4	4	1	6
8	42	4	3	11	10	38	43	4	6	6	11
9	42	4	6	6	1	39	43	4	9	1	0
10	42	4	8	11	5	40	43	4	11	9	10
11	42	4	11	5	8	41	43	5	2	0	9
12	42	5	1	10	0	42	43	5	4	7	0
13	42	5	4	4	5	43	43	5	7	1	3
14	42	5	6	10	8	44	43	5	9	6	7
15	42	5	9	4	0	45	44	0	0	0	10
16	42	5	11	10	3	46	44	0	2	7	1
17	43	0	2	3	8	47	44	0	5	1	4
18	43	0	4	9	11	48	44	0	7	6	9
19	43	0	7	3	3	49	44	0	10	0	11
20	43	0	9	9	6	50	44	1	0	7	2
21	43	1	0	2	11	51	44	1	3	1	5
22	43	1	2	9	1	52	44	1	5	6	10
23	43	1	5	2	6	53	44	1	8	1	1
24	43	1	7	8	11	54	44	1	10	7	3
25	43	1	10	2	1	55	44	2	1	1	6
26	43	2	0	8	4	56	44	2	3	7	9
27	43	2	3	2	7	57	44	2	6	1	2
28	43	2	5	8	1	58	44	2	8	7	5
29	43	2	8	2	2	59	44	2	11	1	8
30	43	2	10	7	7	60	44	3	1	7	10

TANGENTE DE 24 DEGRÉS.

Minutes.	Toises.	Pieds.	Pouces.	Lignes.	Points.	Minutes.	Toises.	Pieds.	Pouces.	Lignes.	Points.
1	44	3	4	2	0	31	45	3	7	9	4
2	44	3	6	8	4	32	45	3	10	3	7
3	44	3	9	1	2	33	45	4	0	9	10
4	44	3	11	8	0	34	45	4	3	4	0
5	44	4	2	2	2	35	45	4	5	10	3
6	44	4	4	8	5	36	45	4	8	5	5
7	44	4	7	5	1	37	45	4	10	11	7
8	44	4	10	11	4	38	45	5	1	5	10
9	44	5	0	3	2	39	45	5	4	0	1
10	44	5	2	9	5	40	45	5	6	6	4
11	44	5	5	3	8	41	45	5	9	1	5
12	44	5	7	9	11	42	45	5	11	7	8
13	44	5	10	4	1	43	46	0	2	1	11
14	45	0	0	10	4	44	46	0	4	8	2
15	45	0	3	4	7	45	46	0	7	3	3
16	45	0	5	10	10	46	46	0	9	9	6
17	45	0	8	5	1	47	46	1	0	3	9
18	45	0	10	11	4	48	46	1	2	10	0
19	45	1	1	5	7	49	46	1	5	5	1
20	45	1	3	11	9	50	46	1	7	11	4
21	45	1	6	5	9	51	46	1	10	5	7
22	45	1	9	11	3	52	46	2	1	0	8
23	45	1	11	6	6	53	46	2	3	4	6
24	45	2	2	0	9	54	46	2	6	1	2
25	35	2	4	7	9	55	46	2	9	5	10
26	45	2	7	1	3	56	46	2	11	9	9
27	45	2	9	7	6	57	46	3	2	9	7
28	45	3	0	1	9	58	46	3	4	3	10
29	45	3	2	8	10	59	46	3	6	10	1
30	45	3	5	3	1	60	46	3	9	5	2

TANGENTE DE 25 DEGRÉS.

MINUTES.	TOISES.	PIEDS.	POUCES.	LIGNES.	POINTS.	MINUTES.	TOISES.	PIEDS.	POUCES.	LIGNES.	POINTS.
1	46	3	11	11	5	31	47	4	4	9	4
2	46	4	2	6	9	32	47	4	7	4	5
3	46	4	5	0	9	33	47	4	9	11	6
4	46	4	7	7	0	34	47	5	0	5	9
5	46	4	10	2	1	35	47	5	3	0	10
6	46	5	0	8	4	36	47	5	5	8	0
7	46	5	3	3	5	37	47	5	8	3	1
8	46	5	5	9	8	38	47	5	10	10	2
9	46	5	8	4	10	39	48	0	1	4	5
10	46	5	10	10	0	40	48	0	3	11	6
11	47	0	1	6	2	41	48	0	6	6	7
12	47	0	4	0	5	42	48	0	9	1	9
13	47	0	6	7	6	43	48	0	11	8	10
14	47	0	9	2	7	44	48	1	2	3	1
15	47	0	11	8	10	45	48	1	4	10	2
16	47	1	2	3	11	46	48	1	7	5	3
17	47	1	4	10	2	47	48	1	10	0	5
18	47	1	7	5	3	48	48	2	0	7	6
19	47	1	9	11	6	49	48	2	3	2	7
20	47	2	0	6	7	50	48	2	5	9	8
21	47	2	3	1	8	51	48	2	8	4	10
22	47	2	5	8	0	52	48	2	10	11	11
23	47	2	8	3	1	53	48	3	1	6	1
24	47	2	10	9	4	54	48	3	4	1	3
25	47	3	1	4	5	55	48	3	6	8	4
26	47	3	3	11	6	56	48	3	9	3	5
27	47	3	6	5	9	57	48	3	11	10	7
28	47	3	9	0	10	58	48	4	2	5	8
29	47	3	11	8	0	59	48	4	5	0	9
30	47	4	2	3	1	60	48	4	7	7	10

TANGENTE DE 26 DEGRÉS.

Minutes.	Toises.	Pieds.	Pouces.	Lignes.	Points.	Minutes.	Toises.	Pieds.	Pouces.	Lignes.	Points.
1	48	4	10	3	0	31	49	5	4	4	5
2	48	5	0	10	11	32	49	5	7	0	6
3	48	5	3	5	5	33	49	5	9	7	6
4	48	5	6	0	3	34	50	0	2	3	5
5	48	5	8	7	5	35	50	0	5	5	7
6	48	5	11	2	6	36	50	0	8	5	8
7	49	0	2	7	0	37	50	0	10	8	8
8	49	0	4	5	7	38	50	1	1	8	9
9	49	0	7	2	9	39	50	1	3	3	10
10	49	0	9	7	9	40	50	1	6	11	10
11	49	1	0	2	11	41	50	1	9	6	11
12	49	1	2	10	0	42	50	1	11	2	11
13	49	1	5	5	1	43	30	2	1	10	0
14	49	1	8	0	2	44	50	2	2	5	11
15	49	1	10	8	2	45	50	2	5	1	1
16	49	2	1	3	3	46	50	2	7	6	2
17	49	2	3	10	4	47	50	2	10	4	2
18	49	2	6	5	6	48	50	3	1	0	1
19	49	2	9	0	7	49	50	3	3	7	2
20	49	2	11	7	8	50	50	3	6	3	2
21	49	3	2	2	5	51	50	3	8	10	3
22	49	3	4	10	9	52	50	3	11	6	3
23	49	3	7	5	10	53	50	4	2	1	4
24	49	3	10	8	0	54	50	4	4	9	4
25	49	4	0	8	11	55	50	4	7	4	5
26	49	4	3	4	0	56	50	4	10	0	5
27	49	4	5	11	2	57	50	5	0	8	4
28	49	4	8	7	0	58	50	5	3	3	5
29	49	4	11	2	2	59	50	5	5	11	5
30	49	5	1	9	1	60	50	5	8	7	5

TANGENTE DE 27 DEGRÉS.

Minutes.	Toises.	Pieds.	Pouces.	Lignes.	Points.	Minutes.	Toises.	Pieds.	Pouces.	Lignes.	Points.
1	50	5	11	2	8	31	52	0	6	9	0
2	51	0	1	10	4	32	52	0	9	5	0
3	51	0	4	6	0	33	52	1	0	0	10
4	51	0	7	1	8	34	52	1	2	8	10
5	51	0	9	9	5	35	52	1	5	4	10
6	51	1	0	5	1	36	52	1	8	0	10
7	51	1	3	0	10	37	52	1	10	8	10
8	51	1	5	8	7	38	52	2	1	4	10
9	51	1	8	4	4	39	52	2	4	0	10
10	51	1	11	0	1	40	52	2	6	8	10
11	51	2	1	7	10	41	52	2	9	4	11
12	51	2	4	3	7	42	52	3	0	1	0
13	51	2	6	11	4	43	52	3	2	9	0
14	51	2	9	7	2	44	52	3	5	5	1
15	51	3	0	2	11	45	52	3	8	1	2
16	51	3	2	10	9	46	52	3	10	9	3
17	51	3	5	6	7	47	52	4	1	5	4
18	51	3	8	2	4	48	52	4	4	1	6
19	51	3	10	10	2	49	52	4	6	9	7
20	51	4	1	6	1	50	52	4	9	5	9
21	51	4	4	1	11	51	52	5	0	1	10
22	51	4	6	9	9	52	52	5	2	10	0
23	51	4	9	5	8	53	52	5	5	6	2
24	51	5	0	1	6	54	52	5	8	2	4
25	51	5	2	9	5	55	52	5	10	10	6
26	51	5	5	5	4	56	53	0	1	6	8
27	51	5	8	1	3	57	53	0	4	2	10
28	51	5	10	9	2	58	53	0	6	11	1
29	52	0	1	5	1	59	53	0	9	7	3
30	52	0	4	1	0	60	53	1	0	3	9

TANGENTE DE 28 DEGRÉS.

Minutes.	Toises.	Pieds.	Pouces.	Lignes.	Points.	Minutes.	Toises.	Pieds.	Pouces.	Lignes.	Points.
1	53	1	2	11	9	31	54	1	11	11	9
2	53	1	5	8	7	32	54	2	2	8	7
3	53	1	8	4	6	33	54	2	5	5	5
4	53	1	11	0	6	34	54	2	7	10	11
5	53	2	1	9	4	35	54	2	10	10	2
6	53	2	4	5	3	36	54	3	1	7	0
7	53	2	7	0	1	37	54	3	4	3	10
8	53	2	9	10	1	38	54	3	6	11	9
9	53	3	0	6	1	39	54	3	9	8	8
10	53	3	3	2	11	40	54	4	0	5	6
11	53	3	5	9	8	41	54	4	3	2	4
12	53	3	8	7	8	42	54	4	5	10	3
13	53	3	11	3	8	43	54	4	8	7	1
14	53	4	1	11	7	44	54	4	11	3	11
15	53	4	4	8	5	45	54	5	2	0	9
16	53	4	6	7	9	46	54	5	4	9	7
17	53	4	10	1	3	47	54	5	7	6	5
18	53	5	0	9	3	48	54	5	10	2	5
19	53	5	3	2	8	49	55	0	0	11	3
20	53	5	6	2	11	50	55	0	3	8	1
21	53	5	8	10	10	51	55	0	6	4	10
22	53	5	11	3	4	52	55	0	9	1	9
23	54	0	2	3	8	53	55	0	11	10	7
24	54	0	5	0	6	54	55	1	2	7	5
25	54	0	7	8	5	55	55	1	5	4	3
26	54	0	10	5	3	56	55	1	8	1	1
27	54	1	1	2	1	57	55	1	10	9	11
28	54	1	3	10	1	58	55	2	1	6	9
29	54	1	6	6	11	59	55	2	4	3	4
30	54	1	9	3	9	60	55	2	7	0	5

TANGENTE DE 29 DEGRÉS.

Minutes.	Toises.	Pieds.	Pouces.	Lignes.	Points.	Minutes.	Toises.	Pieds.	Pouces.	Lignes.	Points.
1	55	2	9	9	3	31	56	3	8	4	3
2	55	3	0	6	1	32	56	3	11	11	1
3	55	3	3	2	11	33	56	4	1	10	9
4	55	3	5	11	9	34	56	4	4	7	7
5	55	3	8	8	7	35	56	4	7	4	5
6	55	3	11	5	4	36	56	4	10	2	1
7	55	4	2	2	2	37	56	5	0	10	11
8	55	4	4	11	11	38	56	5	3	8	8
9	55	4	7	8	9	39	56	5	6	5	6
10	55	4	10	5	7	40	56	5	9	3	2
11	55	5	1	2	5	41	57	0	0	0	8
12	55	5	3	11	3	42	57	0	2	9	8
13	55	5	6	8	1	43	57	0	5	7	5
14	55	5	9	4	11	44	57	0	8	4	3
15	56	0	0	2	7	45	57	0	11	1	11
16	56	0	2	11	5	46	57	1	1	10	9
17	56	0	5	8	3	47	57	1	4	8	5
18	56	0	8	5	1	48	57	1	7	6	2
19	56	0	11	2	9	49	57	1	10	3	0
20	56	1	1	11	7	50	57	2	0	0	8
21	56	1	4	8	5	51	57	2	3	9	6
22	56	1	7	5	3	52	57	2	6	7	2
23	56	1	10	3	0	53	57	2	9	4	11
24	56	2	0	11	10	54	57	3	0	2	7
25	56	2	3	8	8	55	57	3	2	11	5
26	56	2	6	6	4	56	57	3	5	9	1
27	56	2	9	3	2	57	57	3	8	6	10
28	56	3	0	0	10	58	57	3	11	3	8
29	56	3	2	9	6	59	57	4	2	1	4
30	56	3	5	6	6	60	57	4	4	11	0

Minutes.	Toises.	Pieds.	Pouces.	Lignes.	Points.
1	57	4	7	8	9
2	57	4	10	6	5
3	57	5	1	3	3
4	57	5	4	1	0
5	57	5	6	9	3
6	57	5	9	8	4
7	58	0	1	0	1
8	58	0	3	3	9
9	58	0	6	1	5
10	58	0	8	11	1
11	58	0	11	8	8
12	58	1	2	5	8
13	58	1	5	3	4
14	58	1	8	1	1
15	58	1	10	11	9
16	58	2	1	8	5
17	58	2	4	6	2
18	58	2	7	3	10
19	58	2	10	1	6
20	58	3	0	11	3
21	58	3	3	8	11
22	58	3	6	6	7
23	58	3	9	5	2
24	58	4	0	2	10
25	58	4	3	0	7
26	58	4	5	10	3
27	58	4	8	8	0
28	58	4	11	5	8
29	58	5	2	3	4
30	58	5	5	1	11

Minutes.	Toises.	Pieds.	Pouces.	Lignes.	Points.
31	58	5	7	11	7
32	58	5	10	9	4
33	59	0	1	7	0
34	59	0	4	4	8
35	59	0	7	3	3
36	59	0	10	1	8
37	59	1	0	10	8
38	59	1	3	8	4
39	59	1	6	6	11
40	59	1	9	4	7
41	59	2	0	2	4
42	59	2	3	0	10
43	59	2	5	10	7
44	59	2	8	8	3
45	59	2	11	6	10
46	59	3	2	4	6
47	59	3	5	3	1
48	59	3	8	0	9
49	59	3	10	10	6
50	59	4	1	9	0
51	59	4	4	6	9
52	59	4	7	5	3
53	59	4	10	3	0
54	59	5	1	1	6
55	59	5	3	11	3
56	59	5	6	9	10
57	59	5	9	7	6
58	60	0	0	6	1
59	60	0	3	3	9
60	60	0	6	2	4

Minutes.	Toises.	Pieds.	Pouces.	Lignes.	Points.	Minutes.	Toises.	Pieds.	Pouces.	Lignes.	Points.
1	60	0	9	0	10	31	61	1	11	0	5
2	60	0	11	10	7	32	61	2	1	11	0
3	60	1	2	9	7	33	61	2	4	9	7
4	60	1	5	7	8	34	61	2	7	8	2
5	60	1	8	5	5	35	61	2	10	6	9
6	60	1	11	3	11	36	61	3	1	5	3
7	60	2	2	2	6	37	61	3	4	4	8
8	60	2	5	0	2	38	61	3	7	3	3
9	60	2	7	10	9	39	61	3	10	1	10
10	60	2	10	9	4	40	61	4	1	0	1
11	60	3	1	7	0	41	61	4	3	10	11
12	60	3	4	5	7	42	61	4	6	9	6
13	60	3	7	4	2	43	61	4	9	8	1
14	60	3	10	2	7	44	61	5	0	7	6
15	60	4	1	0	5	45	61	5	3	6	1
16	60	4	3	10	11	46	61	5	6	4	7
17	60	4	6	9	6	47	61	5	9	3	2
18	60	4	9	8	6	48	62	0	0	2	7
19	60	5	0	6	8	49	62	0	3	1	2
20	60	5	3	5	2	50	62	0	5	11	9
21	60	5	6	3	9	51	62	0	8	11	8
22	60	5	9	1	6	52	62	0	11	9	8
23	61	0	0	0	0	53	62	1	2	8	4
24	61	0	2	10	6	54	62	1	5	7	8
25	61	0	5	9	8	55	62	1	8	6	3
26	61	0	8	7	8	56	62	1	11	4	9
27	61	0	11	6	3	57	62	2	2	4	3
28	61	1	2	4	10	58	62	2	5	2	9
29	61	1	5	3	4	59	62	2	8	1	4
30	61	1	8	1	11	60	62	2	11	0	9

TANGENTE DE 32 DEGRÉS.

Minutes.	Toises.	Pieds.	Pouces.	Lignes.	Points.	Minutes.	Toises.	Pieds.	Pouces.	Lignes.	Points.
1	62	3	1	11	4	31	63	4	5	10	3
2	62	3	4	11	11	32	63	4	8	9	8
3	62	3	7	9	1	33	63	4	11	9	1
4	62	3	10	8	9	34	63	5	2	8	7
5	62	4	1	7	9	35	63	5	5	8	0
6	62	4	4	6	9	36	63	5	8	7	5
7	62	4	7	5	3	37	63	5	11	6	10
8	62	4	10	4	8	38	64	0	2	6	3
9	62	5	1	4	2	39	64	0	5	5	8
10	62	5	4	2	8	40	64	0	8	5	1
11	62	5	7	2	1	41	64	0	11	4	6
12	62	5	10	0	8	42	64	1	2	3	11
13	63	0	1	0	1	43	64	1	5	3	4
14	63	0	3	11	6	44	64	1	8	2	9
15	63	0	6	10	1	45	64	1	11	2	2
16	63	0	9	9	6	46	64	2	2	1	8
17	63	1	0	8	11	47	64	2	5	1	1
18	63	1	3	7	6	48	64	2	8	1	4
19	63	1	6	6	11	49	64	2	11	0	9
20	63	1	9	6	4	50	64	3	2	0	2
21	63	2	0	5	9	51	64	3	4	11	7
22	63	2	3	4	4	52	64	3	7	11	0
23	63	2	6	3	9	53	64	3	10	11	4
24	63	2	9	3	8	54	64	4	1	10	9
25	63	3	0	2	7	55	64	4	4	10	2
26	63	3	3	0	0	56	64	4	7	9	7
27	63	3	6	0	7	57	64	4	10	9	11
28	63	3	9	0	0	58	64	5	1	9	4
29	63	3	11	11	5	59	64	5	4	8	9
30	63	4	2	10	10	60	64	5	7	9	0

TANGENTE DE 33 DEGRÉS.

Minutes.	Toises.	Pieds.	Pouces.	Lignes.	Points.
1	64	5	11	8	5
2	65	0	1	8	9
3	65	0	4	9	4
4	65	0	7	7	7
5	65	0	10	7	10
6	65	1	1	7	4
7	65	1	4	7	7
8	65	1	7	7	0
9	65	1	10	7	4
10	65	2	1	6	9
11	65	2	4	7	0
12	65	2	7	6	5
13	65	2	10	6	9
14	65	3	1	6	2
15	65	3	4	6	5
16	65	3	7	5	10
17	65	3	10	6	2
18	65	4	1	6	5
19	65	4	4	5	10
20	65	4	7	6	2
21	65	4	10	6	5
22	65	5	1	5	5
23	65	5	4	6	2
24	65	5	7	6	5
25	65	5	10	6	9
26	66	0	1	6	2
27	66	0	4	6	5
28	66	0	7	6	9
29	66	0	10	7	0
30	66	1	1	7	4
31	66	1	4	6	9
32	66	1	7	7	0
33	66	1	10	7	4
34	66	2	1	6	9
35	66	2	4	7	10
36	66	2	7	8	2
37	66	2	11	8	5
38	66	3	1	8	9
39	66	3	4	9	0
40	66	3	7	9	4
41	66	3	10	9	7
42	66	4	1	9	11
43	66	4	4	10	2
44	66	4	7	10	6
45	66	4	10	10	9
46	66	5	1	11	0
47	66	5	4	11	4
48	66	5	7	11	7
49	66	5	10	11	11
50	67	0	2	0	2
51	67	0	5	1	4
52	67	0	8	1	8
53	67	0	11	1	11
54	67	1	2	2	2
55	67	1	5	2	6
56	67	1	8	3	8
57	67	1	11	3	11
58	67	2	2	4	3
59	67	2	5	5	5
60	67	2	8	5	8

TANGENTE DE 34 DEGRÉS.

MINUTES.	TOISES.	PIEDS.	POUCES.	LIGNES.	POINTS.	MINUTES.	TOISES.	PIEDS.	POUCES.	LIGNES.	POINTS.
1	67	2	11	5	11	31	68	4	7	6	2
2	67	3	2	7	1	32	68	4	10	7	4
3	67	3	5	7	5	33	68	5	1	8	7
4	67	3	8	7	8	34	68	5	4	9	7
5	67	3	11	8	10	35	68	5	7	9	11
6	67	4	2	9	1	36	68	5	10	11	0
7	67	4	5	5	6	37	69	0	1	11	0
8	67	4	8	10	7	38	69	0	5	1	4
9	67	4	11	10	10	39	69	0	8	2	8
10	67	5	3	0	0	40	69	0	11	3	8
11	67	5	5	3	8	41	69	1	2	4	10
12	67	5	9	0	3	42	69	1	5	5	11
13	68	0	0	1	9	43	69	1	8	7	1
14	68	0	3	2	11	44	69	1	11	8	3
15	68	0	6	4	0	45	99	2	2	9	5
16	68	0	9	4	4	46	99	2	5	11	5
17	68	1	0	5	6	47	69	2	9	0	7
18	68	1	3	5	9	48	69	3	0	1	9
19	68	1	6	6	11	49	69	3	3	2	11
20	68	1	9	8	1	50	69	3	6	4	0
21	68	2	0	8	4	51	69	3	9	5	2
22	68	2	3	9	6	52	69	4	0	7	2
23	68	2	6	10	8	53	69	4	3	8	4
24	68	2	9	10	11	54	69	4	6	9	6
25	68	3	1	0	1	55	69	4	9	0	8
26	68	3	4	1	3	56	69	5	0	11	10
27	68	3	7	2	5	57	69	5	4	1	10
28	68	3	10	2	8	58	69	5	7	3	0
29	68	4	1	3	10	59	69	5	10	4	2
30	68	4	4	5	0	60	70	0	1	6	2

TANGENTE DE 35 DEGRÉS.											
Minutes.	Toises.	Pieds.	Pouces.	Lignes.	Points.	Minutes.	Toises.	Pieds.	Pouces.	Lignes.	Points.
1	70	0	4	7	4	31	71	2	2	10	3
2	70	0	7	8	5	32	71	2	6	0	3
3	70	0	10	10	6	33	71	2	9	2	4
4	70	1	1	11	7	34	71	3	0	4	4
5	70	1	5	1	8	35	71	3	3	6	4
6	70	1	8	2	9	36	71	3	6	8	4
7	70	1	11	4	10	37	71	3	9	10	5
8	70	2	2	5	11	38	71	4	1	0	5
9	70	2	5	8	0	39	71	4	4	2	5
10	70	2	8	9	1	40	71	4	7	4	5
11	70	2	11	11	2	41	71	4	10	6	5
12	70	3	3	0	3	42	71	5	1	8	5
13	70	3	6	2	4	43	71	5	4	10	6
14	70	3	9	3	5	44	71	5	8	1	4
15	70	4	0	5	6	45	71	5	11	3	4
16	70	4	3	7	6	46	72	0	2	5	5
17	70	4	6	8	8	47	72	0	5	7	5
18	70	4	9	10	8	48	72	0	8	9	5
19	70	5	1	0	8	49	72	1	0	2	3
20	70	5	4	1	10	50	72	1	3	2	4
21	70	5	7	3	10	51	72	1	6	4	4
22	70	5	10	5	10	52	72	1	9	3	11
23	71	0	1	7	10	53	72	2	0	9	3
24	71	0	4	9	0	54	72	2	3	11	3
25	71	0	7	11	0	55	72	2	7	1	3
26	71	0	11	1	1	56	72	2	10	4	2
27	71	1	2	3	1	57	72	3	1	6	2
28	71	1	5	5	1	58	72	3	4	9	4
29	71	1	8	6	3	59	72	3	7	11	0
30	71	1	11	8	3	60	72	3	11	1	1

TANGENTE DE 36 DEGRÉS.

Minutes.	Toises.	Pieds.	Pouces.	Lignes.	Points.
1	72	4	2	3	11
2	72	4	5	5	11
3	72	4	8	8	10
4	72	4	11	10	10
5	72	5	3	1	9
6	72	5	6	3	9
7	72	5	9	6	7
8	73	0	0	8	8
9	73	0	3	11	6
10	73	0	7	2	5
11	73	0	10	4	5
12	73	1	1	7	4
13	73	1	4	10	2
14	73	1	8	0	2
15	73	1	11	3	1
16	73	2	2	5	11
17	73	2	5	8	10
18	73	2	8	10	10
19	73	3	0	1	9
20	73	3	3	4	7
21	73	3	6	7	6
22	73	3	9	10	4
23	33	4	1	0	5
24	73	4	4	4	6
25	73	4	7	6	2
26	73	4	10	9	0
27	73	5	1	11	11
28	73	5	5	2	9
29	73	5	8	5	8
30	73	5	11	8	7
31	74	0	2	11	5
32	74	0	6	2	4
33	74	0	9	5	2
34	74	1	0	8	1
35	74	1	3	10	11
36	74	1	7	2	8
37	74	1	10	5	7
38	74	2	1	8	5
39	74	2	4	11	4
40	74	2	8	2	2
41	7.4	2	11	5	1
42	74	3	2	8	10
43	74	3	5	11	9
44	74	3	9	2	7
45	74	4	0	6	4
46	74	4	3	9	3
47	74	4	7	0	1
48	74	4	10	3	10
49	74	5	1	6	9
50	74	5	4	9	7
51	74	5	8	1	6
52	74	5	11	4	3
53	75	0	2	8	10
54	75	0	5	10	10
55	75	0	9	2	7
56	75	0	3	5	6
57	75	1	0	3	3
58	75	1	3	7	3
59	75	1	10	3	10
60	75	2	1	6	9

TANGENTE DE 37 DEGRÉS.

MINUTES.	TOISES.	PIEDS.	POUCES.	LIGNES.	POINTS.	MINUTES.	TOISES.	PIEDS.	POUCES.	LIGNES.	POINTS.
1	75	2	4	10	6	31	76	4	8	1	1
2	75	2	8	2	2	32	76	4	11	4	10
3	75	2	11	5	1	33	76	5	2	8	7
4	75	3	2	8	10	34	76	5	6	1	2
5	75	3	6	0	7	35	76	5	9	4	11
6	75	3	9	3	5	36	77	0	0	8	8
7	75	4	0	7	2	37	77	0	4	1	3
8	75	4	3	10	11	38	77	0	7	5	0
9	75	4	7	2	8	39	77	0	10	8	9
10	75	4	10	5	7	40	77	1	2	1	4
11	75	5	1	9	4	41	77	1	5	5	8
12	75	5	5	1	1	42	77	1	8	9	5
13	75	5	8	4	10	43	77	2	0	1	10
14	75	5	11	8	7	44	77	2	3	6	5
15	76	0	3	0	3	45	77	2	6	9	2
16	76	0	6	4	0	46	77	2	10	2	9
17	76	0	9	7	9	47	77	3	1	6	7
18	76	1	0	11	6	48	77	3	4	10	1
19	76	1	4	3	3	49	77	3	8	2	9
20	76	1	7	7	0	50	77	3	11	7	5
21	76	1	10	10	9	51	77	4	2	11	8
22	76	2	2	2	6	52	77	4	6	3	3
23	76	2	5	6	3	53	77	4	9	8	8
24	76	2	8	10	0	54	77	5	1	0	3
25	76	3	0	1	9	55	77	5	4	5	10
26	76	3	3	5	6	56	77	5	7	9	8
27	76	3	6	9	3	57	77	5	11	1	8
28	76	3	10	1	0	58	78	0	2	6	3
29	76	4	1	4	8	59	78	0	5	10	10
30	76	4	4	9	4	60	78	0	9	3	5

TANGENTE DE 38 DEGRÉS.

Minutes.	Toises.	Pieds.	Pouces.	Lignes.	Points.	Minutes.	Toises.	Pieds.	Pouces.	Lignes.	Points.
1	78	1	0	7	2	31	79	3	6	6	7
2	78	1	3	11	10	32	79	3	10	0	1
3	78	1	7	4	5	33	79	4	1	4	8
4	78	1	10	9	0	34	79	4	4	10	2
5	78	2	2	1	8	35	79	4	8	2	9
6	78	2	5	6	3	36	79	4	11	8	3
7	78	2	8	10	10	37	79	5	3	1	9
8	78	3	0	3	5	38	79	5	6	6	4
9	78	3	3	8	1	39	79	5	9	11	10
10	78	3	7	0	8	40	80	0	1	5	3
11	78	3	10	5	3	41	80	0	4	9	11
12	78	4	1	9	11	42	80	0	8	3	4
13	78	4	5	2	6	43	80	0	11	8	10
14	78	4	8	7	1	44	80	1	3	2	4
15	78	5	0	0	7	45	80	1	6	6	11
16	78	5	3	5	2	46	80	1	10	0	5
17	78	5	6	9	10	47	80	2	1	5	10
18	78	5	10	2	5	48	80	2	4	11	4
19	79	0	1	7	0	49	80	2	8	4	10
20	79	0	5	0	6	50	80	2	11	10	3
21	79	0	8	5	1	51	80	3	3	3	9
22	79	0	11	9	8	52	80	3	6	9	3
23	79	1	3	3	2	53	80	3	10	2	8
24	79	1	6	7	9	54	80	4	1	8	2
25	79	1	10	0	5	55	80	4	5	1	8
26	79	2	1	5	10	56	80	4	8	7	1
27	79	2	4	10	6	57	80	5	0	0	7
28	79	2	8	3	11	58	80	5	3	6	1
29	79	2	11	8	7	59	80	5	6	11	6
30	79	3	3	2	0	60	80	5	10	5	0

TANGENTE DE 39 DEGRÉS.											
MINUTES.	TOISES.	PIEDS.	POUCES.	LIGNES.	POINTS.	MINUTES.	TOISES.	PIEDS.	POUCES.	LIGNES.	POINTS.
1	81	0	1	11	4	31	82	2	10	9	4
2	81	0	5	4	10	32	82	3	2	9	9
3	81	0	8	10	3	33	82	3	5	9	1
4	81	1	0	3	9	34	82	3	9	9	5
5	81	1	3	10	1	35	82	4	0	9	10
6	81	1	7	3	7	36	82	4	4	10	2
7	81	1	10	9	0	37	82	4	7	4	6
8	81	2	2	2	6	38	82	4	11	4	10
9	81	2	5	8	10	39	82	5	2	11	3
10	81	2	9	2	4	40	82	5	6	5	7
11	81	3	0	8	8	41	82	5	9	11	9
12	81	3	4	2	1	42	83	0	1	7	1
13	81	3	7	7	7	43	83	0	5	7	4
14	81	3	11	1	11	44	83	0	8	7	8
15	81	4	2	7	5	45	83	1	0	8	0
16	81	4	6	1	9	46	83	1	3	8	4
17	81	4	9	7	2	47	83	1	7	3	7
18	81	5	1	7	6	48	83	1	10	9	11
19	81	5	4	7	10	49	83	2	2	4	3
20	81	5	8	1	4	50	83	2	5	10	7
21	81	5	11	7	8	51	83	2	9	5	9
22	82	0	3	2	0	52	83	3	1	0	1
23	82	0	6	7	6	53	83	3	4	7	4
24	82	0	10	1	10	54	83	3	8	1	8
25	82	1	1	8	2	55	83	3	11	8	0
26	82	1	5	1	8	56	83	4	3	3	2
27	82	1	8	8	0	57	83	4	6	9	6
28	82	2	0	2	4	58	83	4	10	4	8
29	82	2	3	8	8	59	83	5	1	11	0
30	82	2	7	3	0	60	83	5	5	6	3

TANGENTE DE 40 DEGRÉS.

Minutes.	Toises.	Pieds.	Pouces.	Lignes.	Points.	Minutes.	Toises.	Pieds.	Pouces.	Lignes.	Points.
1	83	5	9	1	5	31	85	2	8	1	9
2	84	0	0	7	9	32	85	3	0	7	0
3	84	0	4	3	0	33	85	3	4	10	2
4	84	0	7	9	4	34	85	3	7	8	5
5	84	0	11	4	6	35	85	3	11	3	6
6	84	1	2	11	9	36	85	4	3	9	8
7	84	1	6	6	11	37	85	4	6	4	9
8	84	1	10	8	2	38	85	4	10	0	0
9	84	2	1	3	5	39	85	5	2	8	0
10	84	2	5	10	8	40	85	5	5	4	0
11	84	2	8	6	10	41	86	0	9	4	1
12	84	3	0	0	1	42	86	0	1	7	4
13	84	3	4	6	5	43	86	0	4	11	7
14	84	3	7	7	7	44	86	0	8	6	5
15	84	3	11	2	9	45	86	0	11	6	7
16	84	4	2	10	0	46	86	1	3	2	8
17	84	4	6	5	2	47	86	1	7	10	9
18	84	4	10	0	5	48	86	1	10	5	11
19	84	5	1	7	7	49	86	2	2	2	0
20	84	5	5	2	9	50	86	2	6	10	1
21	84	5	8	10	0	51	86	2	9	6	2
22	85	0	0	5	2	52	86	3	1	6	2
23	85	0	4	8	3	53	86	3	5	10	3
24	85	0	7	3	5	54	86	3	8	6	4
25	85	0	11	10	8	55	86	4	0	6	5
26	85	1	2	6	10	56	86	4	4	6	6
27	85	1	6	2	1	57	86	4	7	10	6
28	85	1	10	2	1	58	86	4	11	6	6
29	85	2	1	9	4	59	86	5	3	2	7
30	85	2	5	4	6	60	86	5	6	10	8

TANGENTE DE 41 DEGRÉS.

Minutes.	Toises.	Pieds.	Pouces.	Lignes.	Points.	Minutes.	Toises.	Pieds.	Pouces.	Lignes.	Points.
1	86	5	10	6	9	31	88	3	1	8	9
2	87	0	2	2	9	32	88	3	5	5	8
3	87	0	5	10	10	33	88	3	9	2	7
4	87	0	9	6	11	34	88	4	0	11	6
5	87	1	1	3	0	35	88	4	4	8	5
6	87	1	4	11	11	36	88	4	8	5	4
7	87	1	8	8	0	37	88	5	0	2	3
8	87	2	0	4	0	38	88	5	3	11	2
9	87	2	4	0	1	39	88	5	7	8	1
10	87	2	7	9	0	40	88	5	11	5	0
11	87	2	11	5	1	41	89	0	3	2	11
12	87	3	3	1	2	42	89	0	6	11	10
13	87	3	6	10	1	43	89	0	10	8	9
14	87	3	10	6	2	44	89	1	2	5	8
15	87	4	2	3	1	45	89	1	6	2	7
16	87	4	5	11	2	46	89	1	10	0	5
17	87	4	9	8	1	47	89	2	1	9	4
18	87	5	1	4	2	48	89	2	5	6	3
19	87	5	5	1	1	49	89	2	9	4	0
20	87	5	8	9	1	50	89	3	1	1	0
21	88	0	0	6	1	51	89	3	4	9	11
22	88	0	4	3	0	52	89	3	8	7	8
23	88	0	7	11	0	53	89	4	0	4	7
24	88	0	11	8	0	54	89	4	4	2	5
25	88	1	3	4	11	55	89	4	7	11	4
26	88	1	7	1	0	56	89	4	11	9	1
27	88	1	10	9	11	57	69	5	3	6	11
28	88	2	2	6	10	58	89	5	7	3	10
29	88	2	6	3	9	59	89	5	11	1	8
30	88	2	10	0	8	60	90	0	2	10	7

TANGENTE DE 42 DEGRÉS.

Minutes.	Toises.	Pieds.	Pouces.	Lignes.	Points.	Minutes.	Toises.	Pieds.	Pouces.	Lignes.	Points.
1	90	0	6	8	4	31	91	4	1	5	7
2	90	0	10	3	9	32	91	4	5	3	4
3	90	1	2	3	11	33	91	4	9	2	0
4	90	1	6	0	10	34	91	5	0	11	10
5	90	1	9	10	8	35	91	5	4	10	6
6	90	2	1	8	5	36	91	5	8	9	1
7	90	2	5	6	3	37	92	0	1	5	10
8	90	2	9	4	0	38	92	0	4	5	7
9	90	3	1	1	10	39	92	0	8	4	3
10	90	3	4	11	7	40	92	1	0	2	11
11	90	3	8	8	7	41	92	1	4	1	6
12	90	4	0	6	4	42	92	1	7	11	4
13	90	4	4	4	2	43	92	1	11	10	0
14	90	4	8	2	9	44	92	2	3	8	8
15	90	5	0	0	7	45	92	2	7	7	4
16	90	5	3	10	4	46	92	2	11	5	11
17	90	5	7	8	2	47	92	3	3	4	7
18	90	5	11	5	11	48	92	3	7	3	3
19	91	0	3	3	9	49	92	3	11	1	11
20	91	0	7	1	6	50	92	4	3	0	7
21	91	0	11	0	2	51	92	4	6	11	3
22	91	1	2	10	0	52	92	4	10	9	11
23	91	1	6	7	9	53	92	5	2	9	5
24	91	1	10	6	5	54	92	5	6	8	1
25	91	2	2	4	3	55	92	5	10	6	9
26	91	2	6	2	0	56	93	0	2	5	5
27	91	2	10	0	8	57	93	0	6	4	0
28	91	3	1	10	6	58	93	0	10	3	7
29	91	3	5	9	1	59	93	1	2	2	2
30	91	3	9	6	11	60	93	1	6	1	9

TANGENTE DE 43 DEGRÉS.

Minutes.	Toises.	Pieds.	Pouces.	Lignes.	Points.	Minutes.	Toises.	Pieds.	Pouces.	Lignes.	Points.
1	93	1	10	0	5	31	94	5	8	6	6
2	93	2	1	11	0	32	95	0	0	6	1
3	93	2	5	10	7	33	95	0	4	5	7
4	93	2	9	9	3	34	95	0	8	5	11
5	93	3	1	8	9	35	95	1	0	5	6
6	93	3	5	7	5	36	95	1	4	5	10
7	93	3	9	6	11	37	95	1	8	5	5
8	93	4	1	6	5	38	95	2	0	5	9
9	93	4	5	5	1	39	95	2	4	5	3
10	93	4	9	4	7	40	95	2	8	5	8
11	93	5	1	4	2	41	95	3	0	5	2
12	93	5	5	2	9	42	95	3	4	5	7
13	93	5	9	2	2	43	95	3	8	5	11
14	94	0	1	1	10	44	95	4	0	5	6
15	94	0	5	1	4	45	95	4	4	5	10
16	94	0	9	0	0	46	95	4	8	6	3
17	94	1	0	11	6	47	95	5	0	6	7
18	94	1	4	11	0	48	95	5	4	7	0
19	94	1	8	10	7	49	95	5	8	6	6
20	94	2	0	10	1	50	96	0	0	6	11
21	94	2	4	9	7	51	96	0	4	7	4
22	94	2	8	9	1	52	96	0	8	7	8
23	94	3	0	8	8	53	96	1	0	8	1
24	94	3	4	8	2	54	96	1	4	8	5
25	94	3	8	7	8	55	96	1	8	8	9
26	94	4	0	8	1	56	96	2	0	9	3
27	94	4	4	7	7	57	96	2	4	9	7
28	94	4	8	7	1	58	96	2	8	10	10
29	94	5	0	6	7	59	96	3	0	11	3
30	94	5	4	6	2	60	96	3	4	11	7

Minutes.	Toises.	Pieds.	Pouces.	Lignes.	Points.
1	96	3	9	0	0
2	96	4	1	0	5
3	96	4	5	1	8
4	96	5	9	2	0
5	96	5	1	3	8
6	66	5	5	4	0
7	96	5	9	5	8
8	97	0	1	6	11
9	97	0	5	7	4
10	97	0	9	8	7
11	97	1	5	8	11
12	97	1	9	10	2
13	57	1	1	11	5
14	97	2	5	11	10
15	97	2	9	1	1
16	97	2	2	2	4
17	97	3	6	1	1
18	97	3	10	2	4
19	97	3	2	1	1
20	97	4	6	4	10
21	97	4	10	5	2
22	97	4	2	6	5
23	97	5	6	7	8
24	97	5	10	8	11
25	97	5	2	10	2
26	98	0	2	11	5
27	98	0	7	0	8
28	98	0	11	1	11
29	98	1	3	4	0
30	98	1	7	5	3
31	98	1	11	6	9
32	98	2	3	7	0
33	98	2	7	9	2
34	98	2	11	11	5
35	98	3	4	0	8
36	98	3	8	1	9
37	98	4	0	3	0
38	98	4	4	5	1
39	98	5	8	7	4
40	98	5	0	8	6
41	98	0	4	10	9
42	98	0	8	11	10
43	99	0	1	1	1
44	99	0	5	4	2
45	99	0	9	5	4
46	99	1	1	7	5
47	99	1	5	9	8
48	99	1	9	10	9
49	99	2	2	0	11
50	99	2	6	2	0
51	99	2	10	5	1
52	99	3	2	7	3
53	99	3	6	9	4
54	99	3	10	11	5
55	99	4	3	1	7
56	99	4	7	3	8
57	99	4	11	5	9
58	99	5	3	7	1
59	99	5	7	9	1
60	100				

TANGENTE DE 45 DEGRÉS.

Minutes.	Toises.	Pieds.	Pouces.	Lignes.	Points.	Minutes.	Toises.	Pieds.	Pouces.	Lignes.	Points.
1	100	0	4	2	1	31	101	4	11	0	6
2	100	0	8	4	3	32	101	5	3	3	5
3	100	1	0	7	2	33	101	5	7	7	4
4	100	1	4	9	4	34	101	5	11	10	3
5	100	1	8	11	5	35	102	0	4	1	3
6	100	2	1	2	5	36	102	0	8	5	1
7	100	2	5	4	6	37	102	1	0	8	0
8	100	2	9	7	6	38	102	1	4	11	11
9	100	3	1	9	7	39	182	1	9	2	11
10	100	3	5	11	9	40	102	2	1	6	9
11	100	3	10	2	8	41	102	2	5	9	8
12	100	4	2	5	8	42	102	2	10	1	6
13	100	4	6	7	9	43	102	3	2	4	6
14	100	4	10	10	9	44	102	3	6	8	4
15	100	5	3	0	10	45	102	3	11	0	2
16	100	5	7	3	10	46	102	4	3	4	0
17	100	5	11	6	10	47	102	4	7	7	0
18	101	0	3	9	10	48	102	4	11	10	10
19	101	0	8	0	9	49	102	5	4	2	8
20	101	1	0	2	11	50	102	5	8	6	6
21	101	1	4	5	10	51	103	0	0	10	4
22	101	1	8	8	10	52	103	0	5	2	2
23	101	2	0	11	10	53	103	0	9	6	1
24	101	2	5	2	9	54	103	1	1	9	11
25	101	2	9	5	9	55	103	1	6	1	9
26	101	3	1	8	9	56	103	1	10	5	7
27	101	3	5	11	9	57	103	2	2	9	5
28	101	3	10	2	8	58	103	2	7	2	1
29	101	4	2	6	6	59	103	2	11	5	11
30	101	4	6	9	6	60	103	3	3	9	10

Minutes.	Toises.	Pieds.	Pouces.	Lignes.	Points.	Minutes.	Toises.	Pieds.	Pouces.	Lignes.	Points.
1	103	3	8	1	3	31	105	2	7	7	4
2	103	4	0	6	4	32	105	3	0	0	10
3	103	4	4	10	2	33	105	3	4	5	7
4	103	4	9	2	0	34	105	3	8	11	2
5	103	5	1	6	9	35	105	4	1	3	10
6	103	5	5	10	7	36	105	4	5	9	5
7	103	5	10	3	3	37	105	4	10	3	0
8	124	0	2	7	1	38	105	5	2	7	8
9	104	0	6	11	10	39	105	5	7	1	3
10	104	0	11	4	6	40	105	5	11	6	10
11	104	1	3	8	4	41	106	0	4	0	5
12	104	1	8	1	1	42	106	0	8	5	1
13	104	2	0	5	9	43	106	1	0	10	8
14	104	2	4	10	6	44	106	1	5	4	3
15	104	2	9	2	4	45	106	1	9	9	10
16	104	3	1	7	0	46	106	2	2	3	4
17	194	3	5	11	9	47	106	2	6	8	11
18	104	3	10	4	5	48	106	2	11	2	6
19	104	4	2	9	1	49	106	3	3	8	1
20	104	4	7	1	10	50	106	3	8	1	8
21	104	4	11	6	6	51	106	4	0	8	8
22	104	5	3	11	3	52	106	4	5	1	8
23	104	5	8	3	11	53	106	4	9	7	2
24	105	0	0	8	8	54	106	5	2	0	9
25	105	0	5	2	2	55	106	5	6	7	2
26	105	0	9	6	11	56	106	5	11	0	9
27	105	1	1	11	7	57	107	0	3	6	4
28	105	1	6	4	4	58	107	0	8	6	9
29	105	1	10	9	11	59	107	1	0	6	4
30	105	2	3	2	7	60	107	1	5	6	9

Minutes.	Toises.	Pieds.	Pouces.	Lignes.	Points.	Minutes.	Toises.	Pieds.	Pouces.	Lignes.	Points.
1	107	1	9	6	4	31	109	1	2	0	6
2	107	2	2	0	9	32	109	1	6	6	11
3	107	2	6	0	9	33	109	1	11	2	2
4	107	2	11	0	9	34	109	2	3	9	5
5	107	3	3	7	8	35	109	2	8	4	10
6	107	3	8	1	8	36	109	3	1	0	1
7	107	4	0	8	1	37	109	3	5	7	5
8	107	4	5	8	8	38	109	3	10	2	8
9	107	4	9	8	6	39	109	4	2	10	0
10	107	5	2	2	6	40	109	4	7	5	3
11	107	5	6	8	11	41	109	5	0	0	7
12	107	5	11	3	4	42	109	5	4	8	9
13	108	0	3	9	10	43	109	5	9	4	0
14	108	0	8	4	3	44	110	0	1	11	4
15	108	1	0	10	8	45	110	0	6	6	7
16	108	1	5	5	11	46	110	0	11	2	9
17	108	1	10	0	5	47	110	1	3	10	1
18	108	2	2	6	10	48	110	1	8	6	3
19	108	2	7	1	3	49	110	2	1	1	6
20	108	2	11	8	7	50	110	2	5	9	8
21	108	3	4	3	0	51	110	2	10	5	0
22	108	3	8	9	5	52	110	3	3	1	2
23	108	4	1	4	8	53	110	3	7	8	5
24	108	4	5	11	2	54	110	4	0	4	7
25	108	4	10	6	5	55	110	4	5	0	9
26	108	5	3	0	10	56	110	4	9	8	11
27	108	5	7	8	2	57	110	5	2	5	1
28	109	0	0	2	7	58	110	5	7	0	5
29	109	0	4	9	11	59	110	5	11	8	5
30	109	0	9	5	2	60	111	0	4	4	8

Minutes.	Toises.	Pieds.	Pouces.	Lignes.	Points.	Minutes.	Toises.	Pieds.	Pouces.	Lignes.	Points.
1	111	0	9	0	10	31	113	0	6	10	11
2	111	1	1	9	0	32	113	0	11	8	0
3	111	1	6	5	2	33	113	1	4	5	0
4	111	1	11	1	4	34	113	1	9	2	10
5	111	2	3	9	6	35	113	2	2	11	11
6	111	2	8	5	8	36	113	2	7	9	10
7	111	3	1	1	10	37	113	3	0	6	10
8	111	3	5	10	0	38	113	3	5	4	8
9	111	3	10	6	2	39	113	3	10	11	9
10	111	4	3	2	4	40	113	4	3	9	7
11	111	4	8	10	6	41	113	4	8	7	6
12	111	5	0	6	8	42	113	5	1	4	5
13	111	5	5	2	10	43	113	5	6	2	5
14	111	5	10	11	0	44	113	5	11	0	4
15	112	0	2	7	2	45	114	0	4	0	2
16	112	0	7	3	4	46	114	0	9	10	1
17	112	1	0	11	6	47	114	1	1	9	0
18	112	1	5	7	8	48	114	1	6	5	10
19	112	1	9	3	10	49	114	1	11	3	2
20	112	2	2	0	0	50	114	2	3	0	10
21	112	2	7	8	2	51	114	2	8	11	6
22	112	3	0	4	4	52	114	3	1	8	3
23	112	3	4	0	6	53	114	3	5	6	1
24	112	3	9	8	8	54	114	3	10	3	11
25	112	4	2	4	10	55	114	4	3	0	8
26	112	4	7	1	0	56	114	4	7	0	8
27	112	4	11	10	0	57	114	5	0	11	7
28	112	5	4	7	0	58	114	5	5	9	3
29	112	5	9	4	1	59	114	5	9	9	3
30	113	0	2	1	1	60	115	0	2	8	0

TANGENTE DE 48 DEGRÉS.

TANGENTE DE 49 DEGRÉS.

Minutes.	Toises.	Pieds.	Pouces.	Lignes.	Points.	Minutes.	Toises.	Pieds.	Pouces.	Lignes.	Points.
1	115	0	7	5	10	31	117	0	11	1	1
2	115	1	0	4	7	32	117	1	4	0	8
3	115	1	5	3	4	33	117	1	9	0	3
4	115	1	10	2	1	34	117	2	1	11	11
5	115	2	3	0	9	35	117	2	6	11	6
6	115	2	7	11	6	36	117	3	0	11	0
7	115	3	0	9	6	37	117	3	4	11	3
8	115	3	5	8	3	38	117	3	9	11	3
9	115	3	10	7	0	39	117	4	2	11	9
10	115	4	3	5	9	40	117	4	7	11	4
11	115	4	8	4	6	41	117	5	0	10	11
12	115	5	1	3	3	42	117	5	5	11	5
13	115	5	6	2	0	43	117	5	10	11	11
14	115	5	11	0	9	44	118	0	3	11	6
15	116	0	4	0	5	45	118	0	9	0	0
16	116	0	8	11	2	46	118	1	1	11	7
17	116	1	1	9	11	47	118	1	7	0	7
18	116	1	6	9	6	48	118	2	0	0	7
19	116	1	11	8	3	49	118	2	5	1	3
20	116	2	4	7	10	50	118	2	10	1	3
21	116	2	9	6	7	51	118	3	3	2	0
22	116	3	2	6	3	52	118	3	8	2	6
23	116	3	7	5	0	53	118	4	1	3	0
24	116	4	0	4	7	54	118	4	6	3	5
25	116	4	5	4	3	55	118	4	11	3	11
26	116	4	10	3	0	56	118	5	4	4	5
27	116	5	3	2	7	57	118	5	9	4	11
28	116	5	8	2	2	58	119	0	2	6	3
29	117	0	1	1	10	59	119	0	7	9	2
30	117	0	6	1	5	60	119	1	0	7	2

TANGENTE DE 50 DEGRÉS.

Minutes	Toises	Pieds	Pouces	Lignes	Points	Minutes	Toises	Pieds	Pouces	Lignes	Points
1	119	1	5	8	0	31	121	2	3	6	1
2	119	1	10	9	0	32	121	2	8	8	3
3	119	2	3	10	4	33	121	3	1	10	6
4	119	2	8	10	10	34	121	3	7	0	8
5	119	3	2	0	2	35	121	4	0	2	11
6	119	3	7	1	6	36	121	4	5	5	1
7	119	4	0	8	3	37	121	4	10	7	4
8	119	4	5	3	4	38	121	5	3	9	6
9	119	4	10	4	8	39	121	5	9	0	7
10	119	5	3	6	1	40	122	0	2	2	9
11	119	5	8	7	5	41	122	0	7	5	11
12	120	0	1	8	9	42	122	1	0	8	1
13	120	0	6	10	1	43	122	1	5	11	2
14	120	0	11	11	5	44	122	1	11	1	4
15	120	1	5	0	9	45	122	2	4	4	6
16	120	1	10	2	1	46	122	2	9	7	8
17	120	2	3	3	5	47	122	3	2	9	9
18	120	2	8	5	8	48	122	3	8	0	9
19	120	3	1	7	0	49	122	4	1	3	10
20	120	3	6	8	4	50	122	4	6	6	11
21	120	3	11	11	9	51	122	4	11	10	0
22	120	4	4	11	11	52	122	5	5	1	1
23	120	4	10	2	1	53	122	5	11	9	2
24	120	5	3	3	5	54	123	0	3	0	3
25	120	5	8	5	8	55	123	0	8	3	3
26	121	0	1	7	10	56	123	1	2	1	4
27	121	0	6	9	3	57	123	1	7	0	3
28	121	0	11	11	5	58	123	2	0	2	4
29	121	1	5	1	8	59	123	2	5	5	5
30	121	1	10	3	10	60	123	2	11	3	4

TANGENTE DE 51 DEGRÉS.

Minutes.	Toises.	Pieds.	Pouces.	Lignes.	Points.	Minutes.	Toises.	Pieds.	Pouces.	Lignes.	Points.
1	123	3	4	6	5	31	125	4	9	3	1
2	123	3	9	10	4	32	125	5	2	5	1
3	123	4	3	1	5	33	125	5	7	10	9
4	123	4	8	5	4	34	126	0	1	3	7
5	123	5	1	9	4	35	126	0	6	8	4
6	123	5	7	0	5	36	126	1	0	2	0
7	124	0	0	4	4	37	126	1	5	6	10
8	124	0	5	8	3	38	126	1	10	11	7
9	124	0	11	0	2	39	126	2	4	5	3
10	124	1	4	4	2	40	126	2	9	10	11
11	124	1	9	8	1	41	126	3	3	3	9
12	124	2	3	0	0	42	126	3	8	9	5
13	124	2	8	3	11	43	126	4	2	3	1
14	124	3	1	7	10	44	126	4	7	8	9
15	124	3	6	11	10	45	126	5	1	1	6
16	124	4	0	4	7	46	126	5	6	7	2
17	124	4	5	8	7	47	127	0	0	6	10
18	124	4	10	8	6	48	127	0	5	6	6
19	124	5	4	5	3	49	127	0	11	6	2
20	124	5	9	9	3	50	127	1	4	6	9
21	125	0	3	2	0	51	127	1	10	0	5
22	125	0	8	5	11	52	127	2	3	6	1
23	125	1	1	10	9	53	127	2	8	11	9
24	125	1	7	3	7	54	127	3	2	6	3
25	125	2	0	8	4	55	127	3	7	11	11
26	125	2	6	0	3	56	127	4	1	6	5
27	125	2	11	5	1	57	127	4	7	0	1
28	125	3	4	9	11	58	127	5	0	6	7
29	125	3	10	2	8	59	127	5	6	0	3
30	125	4	3	7	6	60	127	5	11	6	10

TANGENTE DE 52 DEGRÉS.

MINUTES.	TOISES.	PIEDS.	POUCES.	LIGNES.	POINTS.
1	128	0	5	1	4
2	128	0	10	7	10
3	128	1	4	2	5
4	128	1	9	8	11
5	128	2	3	3	5
6	128	2	8	10	0
7	128	3	2	4	6
8	128	3	7	11	0
9	128	4	1	5	7
10	128	4	7	0	1
11	128	5	0	7	6
12	128	5	6	2	0
13	128	5	11	9	5
14	129	0	5	3	11
15	129	0	10	11	4
16	129	1	4	5	10
17	129	1	10	1	3
18	129	2	3	8	8
19	129	2	9	4	0
20	129	3	2	11	0
21	129	3	8	6	11
22	129	4	2	1	4
23	129	4	7	9	7
24	129	5	1	5	0
25	129	5	7	0	5
26	130	0	0	7	9
27	130	0	6	3	2
28	130	0	11	11	5
29	130	1	5	6	5
30	130	1	11	3	1
31	130	2	4	10	6
32	130	2	10	6	9
33	130	3	4	1	11
34	130	3	9	10	9
35	130	4	3	6	7
36	130	4	9	2	11
37	130	5	2	10	3
38	130	5	8	6	6
39	131	0	2	3	10
40	131	0	7	11	0
41	131	1	1	7	2
42	131	1	7	4	5
43	131	2	1	0	8
44	131	2	6	9	11
45	131	3	0	6	1
46	131	3	6	2	4
47	131	3	11	11	5
48	131	4	5	7	8
49	131	4	11	4	10
50	131	5	5	1	2
51	131	5	10	10	2
52	132	0	4	7	4
53	132	0	10	4	4
54	132	1	4	1	6
55	132	1	9	10	8
56	132	2	3	7	9
57	132	2	9	4	11
58	132	3	3	2	0
59	132	3	8	11	2
60	132	4	2	8	3

h

Minutes.	Toises.	Pieds.	Pouces.	Lignes.	Points.	Minutes.	Toises.	Pieds.	Pouces.	Lignes.	Points.
1	132	4	8	6	3	31	135	1	4	1	6
2	132	5	2	3	4	32	135	1	10	1	3
3	132	5	8	1	4	33	135	2	4	0	1
4	133	0	1	10	6	34	135	2	9	11	10
5	133	0	7	8	5	35	135	3	3	10	8
6	133	1	1	5	7	36	135	3	9	10	4
7	133	1	7	3	7	37	135	4	3	9	3
8	133	2	1	1	6	38	135	4	9	8	11
9	133	2	6	11	6	39	135	5	3	8	8
10	133	3	0	9	6	40	135	5	9	8	4
11	133	3	6	7	6	41	136	0	3	8	1
12	133	4	0	5	6	42	136	0	9	7	9
13	133	4	6	3	5	43	136	1	3	7	6
14	133	5	0	1	5	44	136	1	9	7	2
15	133	5	5	11	5	45	136	2	3	6	11
16	133	5	11	10	3	46	136	2	9	6	7
17	134	0	5	8	3	47	136	3	3	6	4
18	134	0	11	6	3	48	136	3	9	6	11
19	134	1	5	5	1	49	136	4	3	6	7
20	134	1	11	3	1	50	136	4	9	7	2
21	134	2	5	1	11	51	136	5	3	6	11
22	134	2	11	0	9	52	136	5	9	7	6
23	134	3	4	10	9	53	137	0	3	7	2
24	134	3	10	9	7	54	137	0	9	8	9
25	134	4	4	8	5	55	137	1	3	8	4
26	134	4	10	7	4	56	137	1	9	8	11
27	134	5	4	6	2	57	137	2	3	8	6
28	134	5	10	5	0	58	137	2	9	10	1
29	135	0	4	3	10	59	137	3	3	10	8
30	135	0	10	2	8	60	137	3	9	11	3

TANGENTE DE 54 DEGRÉS.

Minutes.	Toises.	Pieds.	Pouces.	Lignes.	Points.	Minutes.	Toises.	Pieds.	Pouces.	Lignes.	Points.
1	137	4	3	11	10	31	140	1	8	2	9
2	137	4	10	1	3	32	140	2	2	5	3
3	137	5	4	1	10	33	140	2	8	8	3
4	137	5	9	7	6	34	140	3	2	10	9
5	138	0	4	3	10	35	140	3	9	1	9
6	138	0	10	5	3	36	140	4	3	4	11
7	138	1	4	5	10	37	140	4	9	7	2
8	138	1	10	7	4	38	140	5	3	10	4
9	138	2	4	8	9	39	140	5	10	1	6
10	138	2	10	10	2	40	141	0	4	4	8
11	138	3	4	10	9	41	141	0	10	7	10
12	138	3	11	2	7	42	141	1	4	11	0
13	138	4	5	1	8	43	141	1	11	2	2
14	138	4	11	3	11	44	141	2	5	5	5
15	138	5	5	5	5	45	141	2	11	9	7
16	138	5	11	6	10	46	141	3	6	0	7
17	139	0	5	8	3	47	141	4	0	4	7
18	139	0	11	10	7	48	141	4	6	7	9
19	139	1	6	0	0	49	141	5	0	11	10
20	139	2	0	2	3	50	141	5	7	3	0
21	139	2	6	3	8	51	142	0	1	7	0
22	139	3	0	6	1	52	142	0	7	11	0
23	139	3	6	8	4	53	142	1	2	3	1
24	139	4	0	10	8	54	142	1	8	7	1
25	139	4	7	0	1	55	142	2	2	11	2
26	139	5	1	2	5	56	142	2	9	3	2
27	139	5	7	4	8	57	142	3	3	7	2
28	140	0	1	7	0	58	142	3	9	11	3
29	140	0	7	10	2	59	142	4	4	3	3
30	140	1	2	0	6	60	142	4	10	8	2

Minutes.	Toises.	Pieds.	Pouces.	Lignes.	Points.	Minutes.	Toises.	Pieds.	Pouces.	Lignes.	Points.
1	142	5	5	0	2	31	145	3	6	7	6
2	142	5	11	5	1	32	145	4	1	1	3
3	143	0	5	9	1	33	145	4	7	7	10
4	143	1	0	2	0	34	145	5	2	2	6
5	143	1	6	6	11	35	145	5	8	9	1
6	143	2	0	10	10	36	146	0	3	3	9
7	143	2	7	4	8	37	146	0	9	10	4
8	143	3	0	9	7	38	146	1	4	5	10
9	143	3	8	2	6	39	146	1	11	0	6
10	143	4	2	7	5	40	146	2	5	7	1
11	143	4	9	0	4	41	146	3	0	2	7
12	143	5	3	5	2	42	146	3	6	10	8
13	143	5	9	10	1	43	146	4	1	4	8
14	144	0	4	3	10	44	146	4	8	0	2
15	144	0	10	8	9	45	146	5	2	7	8
16	144	1	5	2	6	46	146	5	9	3	2
17	144	1	11	8	3	47	147	0	3	9	10
18	144	2	6	1	2	48	147	0	10	6	2
19	144	3	0	6	11	49	147	1	5	1	8
20	144	3	7	0	8	50	147	1	11	9	1
21	144	4	1	6	5	51	147	2	6	4	7
22	144	4	8	0	2	52	147	3	1	0	1
23	144	5	2	5	11	53	147	3	7	8	5
24	144	5	8	11	9	54	147	4	2	3	11
25	145	0	3	6	4	55	147	4	9	0	3
26	145	0	10	0	1	56	147	5	3	8	8
27	145	1	4	5	10	57	147	5	10	4	2
28	145	1	11	0	6	58	148	0	5	0	6
29	145	2	5	6	3	59	148	0	11	8	10
30	145	3	0	0	10	60	148	1	6	5	2

TANGENTE DE 56 DEGRÉS.

Minutes.	Toises.	Pieds.	Pouces.	Lignes.	Points.
1	148	2	1	1	6
2	148	2	7	9	11
3	148	3	2	7	1
4	148	3	9	3	5
5	148	4	3	11	10
6	148	4	10	9	0
7	148	5	5	5	7
8	149	0	0	2	7
9	149	0	6	11	10
10	149	1	1	8	2
11	149	1	8	5	5
12	149	2	3	2	7
13	149	2	9	11	10
14	149	3	4	9	0
15	149	3	11	7	1
16	149	4	6	4	4
17	149	5	1	1	6
18	149	5	7	11	7
19	150	0	2	8	10
20	150	0	9	6	11
21	150	1	4	5	0
22	150	1	11	2	2
23	150	2	6	0	3
24	150	3	0	10	4
25	150	3	7	8	5
26	150	4	2	6	6
27	150	4	9	4	7
28	150	5	4	3	7
29	150	5	11	1	8
30	151	0	6	0	7
31	151	1	0	10	8
32	151	1	7	9	8
33	151	2	2	7	7
34	151	2	9	6	8
35	151	3	4	5	7
36	151	3	11	4	7
37	151	4	6	3	6
38	151	5	1	2	5
39	151	5	8	1	5
40	152	0	3	1	4
41	152	0	10	0	2
42	152	1	4	11	1
43	152	1	11	10	0
44	152	2	6	10	10
45	152	3	1	9	8
46	152	3	8	9	7
47	152	4	3	9	5
48	152	4	10	8	3
49	152	5	5	8	0
50	153	0	0	8	10
51	153	0	7	8	8
52	153	1	2	8	8
53	153	1	9	9	5
54	153	2	4	9	1
55	153	2	11	9	11
56	153	3	6	10	7
57	153	4	1	10	5
58	153	4	8	11	1
59	153	5	3	11	9
60	153	5	10	11	11

TANGENTE DE 57 DEGRÉS.

MINUTES.	TOISES.	PIEDS.	POUCES.	LIGNES.	POINTS.	MINUTES.	TOISES.	PIEDS.	POUCES.	LIGNES.	POINTS.
1	154	0	6	1	5	31	157	0	4	11	7
2	154	1	1	2	5	32	157	0	11	2	11
3	154	1	8	2	9	33	157	1	7	6	2
4	154	2	3	3	5	34	157	2	2	9	6
5	154	2	10	5	0	35	157	2	10	1	6
6	154	3	5	5	8	36	157	3	5	4	10
7	154	4	0	7	2	37	157	4	0	8	1
8	154	4	7	8	9	38	157	4	8	0	2
9	154	5	2	10	4	39	157	5	3	3	5
10	154	5	9	11	10	40	157	5	10	7	9
11	155	0	5	1	4	41	158	0	5	11	0
12	155	1	0	2	11	42	158	1	0	3	1
13	155	1	7	4	5	43	158	1	8	7	3
14	155	2	2	5	11	44	158	2	3	11	3
15	155	2	9	7	6	45	158	2	11	3	4
16	155	3	4	9	11	46	158	3	6	4	6
17	155	3	11	11	5	47	158	4	2	0	6
18	155	4	7	1	10	48	158	4	9	4	7
19	155	5	2	4	3	49	158	5	4	9	7
20	155	5	9	6	7	50	159	0	0	6	9
21	156	0	4	8	2	51	159	0	7	6	9
22	156	0	11	10	7	52	159	1	2	11	9
23	156	1	7	1	0	53	159	1	10	4	8
24	156	2	2	4	3	54	159	2	5	9	8
25	156	2	9	6	7	55	159	3	1	2	8
26	156	3	4	9	0	56	159	3	8	7	8
27	156	4	0	0	3	57	159	4	4	0	8
28	156	4	7	2	8	58	159	4	11	5	8
29	156	5	2	5	11	59	159	5	6	11	6
30	156	5	9	9	3	60	160	0	2	4	6

Minutes.	Toises.	Pieds.	Pouces.	Lignes.	Points.	Minutes.	Toises.	Pieds.	Pouces.	Lignes.	Points.
1	160	0	9	10	4	31	163	1	9	0	3
2	160	1	5	4	3	32	163	2	4	7	10
3	160	2	0	10	1	33	163	3	0	4	4
4	160	2	8	3	11	34	163	3	8	0	9
5	160	3	3	9	10	35	163	4	3	9	3
6	160	3	11	3	8	36	163	4	11	5	8
7	160	4	6	9	6	37	163	5	7	3	0
8	160	5	2	3	4	38	164	0	2	11	5
9	160	5	9	10	1	39	164	0	10	7	10
10	160	0	5	3	11	40	164	1	6	5	2
11	161	0	1	10	8	41	164	2	2	1	8
12	161	1	8	4	6	42	164	2	9	10	11
13	161	2	3	11	3	43	164	3	5	8	3
14	161	2	11	5	11	44	164	4	1	5	7
15	161	3	7	0	8	45	164	4	9	2	11
16	161	4	2	7	5	46	164	5	5	0	2
17	161	4	10	2	1	47	165	0	0	9	6
18	161	5	5	9	8	48	165	0	8	7	8
19	162	0	1	4	5	49	165	1	4	5	0
20	162	0	9	0	0	50	165	2	0	3	2
21	162	1	4	6	9	51	165	2	8	0	6
22	162	2	0	2	4	52	165	3	3	10	8
23	162	2	7	9	11	53	165	3	11	8	10
24	162	3	3	5	6	54	165	4	7	7	0
25	162	3	11	1	1	55	165	5	3	3	2
26	162	4	6	8	8	56	165	5	11	3	4
27	162	5	2	4	3	57	166	0	7	1	6
28	162	5	9	11	10	58	166	1	3	0	7
29	163	0	5	8	3	59	166	1	10	10	9
30	163	1	1	3	10	60	166	2	6	9	10

TANGENTE DE 59 DEGRÉS.

Minutes.	Toises.	Pieds.	Pouces.	Lignes.	Points.	Minutes.	Toises.	Pieds.	Pouces.	Lignes.	Points.
1	166	3	2	8	10	31	169	5	3	3	5
2	166	3	10	7	0	32	169	5	11	5	1
3	166	4	6	6	1	33	170	0	7	7	7
4	166	4	2	5	1	34	170	1	3	9	3
5	166	5	10	5	0	35	170	1	11	10	10
6	167	0	6	4	0	36	170	2	8	1	4
7	167	1	2	3	1	37	170	3	4	3	10
8	167	1	10	3	0	38	170	4	0	5	6
9	167	2	6	2	0	39	170	4	8	8	0
10	167	3	2	1	11	40	170	5	4	10	6
11	167	3	10	1	10	41	171	0	1	1	0
12	167	4	6	1	9	42	171	0	9	3	5
13	167	5	2	1	8	43	171	1	5	6	10
14	167	5	10	1	6	44	171	2	1	9	4
15	168	0	6	1	5	45	171	2	10	0	8
16	168	1	2	1	4	46	171	3	6	4	0
17	168	1	10	2	1	47	171	4	2	6	6
18	168	2	6	2	0	48	171	4	10	9	11
19	168	3	2	2	9	49	171	5	7	1	3
20	168	3	10	3	7	50	172	0	3	4	7
21	168	4	6	3	5	51	172	0	11	8	10
22	168	5	2	4	3	52	172	1	8	0	2
23	168	5	10	5	10	53	172	2	4	3	7
24	169	0	6	6	7	54	172	3	0	7	9
25	169	1	2	7	5	55	172	3	9	0	0
26	169	1	10	9	0	56	172	4	5	4	3
27	169	2	6	9	10	57	172	5	1	8	5
28	169	3	2	11	5	58	172	5	10	0	8
29	169	3	11	0	2	59	173	0	6	4	11
30	169	4	7	1	10	60	173	1	2	9	1

TANGENTE DE 60 DEGRÉS.

Minutes.	Toises.	Pieds.	Pouces.	Lignes.	Points.	Minutes.	Toises.	Pieds.	Pouces.	Lignes.	Points.
1	173	1	11	1	4	31	176	5	2	6	10
2	173	2	7	6	5	32	176	5	11	2	6
3	173	3	3	10	8	33	177	0	7	10	2
4	173	4	0	3	9	34	177	1	4	6	9
5	173	4	8	8	9	35	177	2	1	2	5
6	173	5	5	1	11	36	177	2	9	10	11
7	174	0	1	7	0	37	177	3	6	7	6
8	174	0	10	0	11	38	177	4	3	4	0
9	174	1	7	9	7	39	177	5	0	9	7
10	174	2	2	11	7	40	177	5	8	5	8
11	174	2	11	5	1	41	178	0	5	9	8
12	174	3	7	10	2	42	178	1	2	2	7
13	174	4	4	5	10	43	178	1	10	11	7
14	174	5	0	10	0	44	178	2	7	9	7
15	174	5	9	4	0	45	178	3	4	9	7
16	175	0	5	10	0	46	178	4	1	3	0
17	175	1	2	4	10	47	178	4	10	0	5
18	175	1	10	10	9	48	178	5	8	3	1
19	175	2	7	5	7	49	179	0	3	8	11
20	175	3	3	11	6	50	179	1	0	5	6
21	175	4	0	6	4	51	179	1	9	3	9
22	175	4	9	8	2	52	179	2	6	1	2
23	175	5	5	0	0	53	179	3	2	11	5
24	176	0	2	2	9	54	179	3	11	9	8
25	176	0	10	10	6	55	179	4	8	8	0
26	176	1	7	5	3	56	179	5	5	6	3
27	176	2	4	5	0	57	180	0	3	5	3
28	176	3	0	7	9	58	180	0	11	3	8
29	176	3	9	3	4	59	180	1	8	2	9
30	176	4	5	5	4	60	180	2	5	1	1

TANGENTE DE 61 DEGRÉS.

Minutes.	Toises.	Pieds.	Pouces.	Lignes.	Points.	Minutes.	Toises.	Pieds.	Pouces.	Lignes.	Points.
1	180	3	3	5	6	31	184	1	9	10	8
2	180	3	10	11	4	32	184	2	7	1	3
3	180	4	7	10	6	33	184	3	4	3	10
4	180	5	4	9	7	34	184	4	1	7	4
5	181	0	1	9	7	35	184	4	10	9	11
6	181	0	10	11	2	36	184	5	8	1	4
7	181	1	7	8	9	37	185	0	5	3	11
8	181	2	4	8	9	38	185	1	2	7	5
9	181	3	1	7	10	39	185	1	11	10	10
10	181	3	10	7	10	40	185	2	9	2	4
11	181	4	7	7	6	41	185	3	6	5	9
12	181	5	4	8	9	42	185	4	3	10	1
13	182	0	1	8	9	43	185	5	1	1	6
14	182	0	10	9	7	44	185	5	10	5	10
15	182	1	7	9	7	45	186	0	7	10	2
16	182	2	4	10	6	46	186	1	5	1	8
17	182	3	1	11	4	47	186	2	2	6	10
18	182	3	11	0	2	48	186	2	11	11	1
19	182	4	8	1	1	49	186	3	9	3	5
20	182	5	5	2	8	50	186	4	6	8	8
21	183	0	2	3	8	51	186	5	4	1	6
22	183	0	11	5	5	52	187	0	1	6	2
23	183	1	8	7	1	53	187	0	10	11	4
24	183	2	5	8	0	54	187	1	8	4	7
25	183	3	2	9	8	55	187	2	5	9	8
26	183	4	0	0	3	56	187	3	3	2	11
27	183	4	9	2	0	57	187	4	0	8	11
28	183	5	6	3	9	58	187	4	10	2	1
29	184	0	3	6	4	59	187	5	7	8	2
30	184	1	0	8	11	60	188	0	5	2	2

Tangente de 62 Degrés.

Minutes.	Toises.	Pieds.	Pouces.	Lignes.	Points.	Minutes.	Toises.	Pieds.	Pouces.	Lignes.	Points.
1	188	1	2	8	3	31	192	1	4	10	2
2	188	2	0	1	1	32	192	2	2	8	7
3	188	2	9	9	3	33	192	3	0	6	11
4	188	3	7	3	3	34	192	3	10	5	3
5	188	4	4	10	2	35	192	4	8	3	8
6	188	5	2	5	1	36	192	5	6	2	0
7	189	0	0	0	0	37	193	0	4	0	5
8	189	0	9	6	11	38	193	1	1	11	7
9	189	1	7	1	10	39	193	1	11	10	10
10	189	2	4	8	9	40	193	2	9	10	1
11	189	3	2	4	6	41	193	3	7	9	3
12	189	3	11	11	5	42	193	4	5	8	7
13	189	4	9	7	2	43	193	5	3	7	9
14	189	5	7	2	11	44	194	0	1	7	10
15	190	0	4	10	9	45	194	0	11	9	2
16	190	1	2	6	6	46	194	1	9	7	2
17	190	2	0	3	2	47	194	2	7	7	4
18	190	2	9	10	11	48	194	3	5	7	5
19	190	3	7	7	7	49	194	4	3	8	4
20	190	4	5	4	3	50	194	5	1	8	5
21	190	5	3	0	10	51	194	5	11	9	5
22	191	0	0	9	6	52	195	0	9	10	4
23	191	0	10	6	2	53	195	1	7	11	4
24	191	1	8	3	8	54	195	2	6	0	3
25	191	2	6	0	3	55	195	3	4	1	3
26	191	3	3	9	10	56	195	4	2	2	2
27	191	4	1	0	1	57	195	5	0	4	0
28	191	4	11	4	10	58	195	5	10	5	10
29	191	5	9	2	4	59	196	0	8	7	8
30	192	0	7	0	8	60	196	1	6	9	6

Minutes.	Toises.	Pieds.	Pouces.	Lignes.	Points.	Minutes.	Toises.	Pieds.	Pouces.	Lignes.	Points.
1	196	2	4	11	4	31	200	4	3	5	9
2	196	3	3	1	2	32	200	5	1	11	11
3	196	4	1	3	10	33	201	0	0	6	11
4	196	4	11	5	8	34	201	0	11	1	1
5	196	5	9	8	4	35	201	1	9	8	1
6	197	0	7	11	0	36	201	2	8	3	1
7	197	1	6	1	9	37	201	3	6	10	1
8	197	2	4	5	3	38	201	4	5	5	11
9	197	3	2	8	0	39	201	5	4	1	0
10	197	4	1	11	6	40	202	0	2	8	10
11	197	4	11	3	1	41	202	1	1	4	8
12	197	5	9	6	7	42	202	2	0	0	7
13	198	0	7	10	2	43	202	2	10	10	10
14	198	1	6	1	9	44	202	3	9	6	1
15	198	2	4	6	2	45	202	4	8	1	1
16	198	3	2	10	7	46	202	5	6	9	10
17	198	4	1	2	1	47	203	0	5	6	6
18	198	4	11	6	6	48	203	1	4	3	3
19	198	5	9	11	10	49	203	2	3	0	10
20	199	0	8	4	3	50	203	3	1	9	7
21	199	1	6	8	8	51	203	4	0	7	2
22	199	2	5	1	11	52	203	4	11	4	1
23	199	3	3	7	2	53	203	5	10	2	5
24	199	4	2	1	0	54	204	0	9	0	5
25	199	5	0	5	9	55	204	1	7	9	7
26	199	5	10	11	0	56	204	2	6	8	1
27	200	0	9	5	2	57	204	3	5	6	6
28	200	1	7	11	4	58	204	4	6	9	10
29	200	2	6	4	7	59	204	5	3	3	5
30	200	3	4	10	9	60	205	0	2	1	11

Minutes.	Toises.	Pieds.	Pouces.	Lignes.	Points.	Minutes.	Toises.	Pieds.	Pouces.	Lignes.	Points.
1	205	1	1	0	5	31	209	4	10	4	8
2	205	1	11	11	9	32	209	5	9	8	4
3	205	2	10	11	0	33	210	0	9	0	10
4	205	3	9	10	4	34	210	1	8	4	6
5	205	4	8	9	8	35	210	2	7	9	0
6	205	5	7	9	0	36	210	3	7	1	6
7	206	0	6	9	2	37	210	4	6	6	1
8	206	1	5	9	5	38	210	5	5	11	5
9	206	2	4	9	7	39	211	0	5	3	11
10	206	3	3	9	10	40	211	1	4	9	4
11	206	4	2	10	0	41	211	2	4	2	8
12	206	5	1	10	9	42	211	3	3	8	3
13	207	0	0	11	3	43	211	4	3	2	4
14	207	1	0	0	3	44	211	5	2	7	8
15	207	1	11	1	4	45	212	0	2	1	11
16	207	2	10	2	5	46	212	1	1	8	2
17	207	3	9	4	4	47	212	2	1	2	5
18	207	4	8	5	5	48	212	3	0	8	8
19	207	5	6	4	11	49	212	4	0	3	9
20	208	0	6	6	3	50	212	4	11	10	10
21	208	1	5	11	2	51	212	5	11	5	11
22	208	2	5	1	1	52	213	0	11	8	1
23	208	3	4	3	10	53	213	1	10	8	2
24	208	4	3	6	7	54	213	2	10	4	2
25	208	5	2	9	5	55	213	3	9	11	3
26	209	0	2	0	2	56	213	4	9	7	2
27	209	1	1	3	0	57	213	5	9	4	0
28	209	2	0	5	9	58	214	0	9	0	0
29	209	2	11	9	5	59	214	1	8	8	0
30	209	3	11	1	1	60	214	2	8	4	10

Minutes.	Toises.	Pieds.	Pouces.	Lignes.	Points.	Minutes.	Toises.	Pieds.	Pouces.	Lignes.	Points.
1	214	3	8	1	7	31	219	3	7	1	6
2	214	4	7	10	6	32	219	4	7	3	7
3	214	5	7	8	2	33	219	5	7	6	5
4	215	0	7	3	10	34	220	0	7	9	4
5	215	1	7	2	8	35	220	1	8	0	1
6	215	2	7	0	5	36	220	2	8	3	10
7	215	3	6	10	1	37	220	3	8	6	7
8	215	4	6	8	8	38	220	4	8	10	4
9	215	5	6	6	4	39	220	5	9	2	1
10	216	0	6	4	11	40	221	0	9	6	7
11	216	1	6	3	5	41	221	1	9	8	0
12	216	2	6	2	0	42	221	2	9	10	7
13	216	3	6	1	5	43	221	3	10	7	0
14	216	4	6	0	0	44	221	4	10	10	7
15	216	5	5	11	5	45	221	5	11	4	3
16	217	0	5	10	10	46	222	0	11	9	8
17	217	1	5	11	2	47	222	2	0	3	2
18	217	2	5	10	7	48	222	3	0	8	8
19	217	3	5	10	10	49	222	4	1	2	1
20	217	4	5	11	2	50	222	5	1	7	7
21	217	5	5	11	5	51	223	0	2	8	11
22	218	0	5	11	9	52	223	1	2	8	3
23	218	1	6	0	10	53	223	2	3	10	10
24	218	2	6	1	2	54	223	3	3	11	11
25	218	3	6	2	4	55	223	4	4	11	2
26	218	4	6	4	4	56	223	5	4	6	4
27	218	5	6	5	6	57	224	0	5	6	6
28	219	0	6	7	8	58	224	1	6	6	9
29	219	1	6	8	8	59	224	2	6	8	11
30	219	2	6	10	8	60	224	3	7	5	0

Minutes.	Toises.	Pieds.	Pouces.	Lignes.	Points.	Minutes.	Toises.	Pieds.	Pouces.	Lignes.	Points.
1	224	4	8	1	11	31	230	1	0	0	3
2	224	5	8	9	11	32	230	2	1	2	5
3	225	0	9	6	11	33	230	3	2	5	5
4	225	1	10	2	11	34	230	4	3	8	4
5	225	2	10	11	0	35	230	5	4	11	4
6	225	3	11	8	0	36	231	0	6	2	4
7	225	5	0	5	9	37	231	1	7	5	3
8	226	0	1	2	8	38	231	2	8	6	9
9	226	1	2	0	6	39	231	3	10	1	0
10	226	2	2	10	3	40	231	4	11	5	8
11	226	3	3	8	3	41	232	0	0	9	6
12	226	4	4	6	9	42	232	1	2	2	2
13	226	5	5	5	5	43	232	2	3	6	11
14	227	0	6	4	8	44	232	3	4	11	7
15	227	1	7	2	8	45	232	4	6	5	2
16	227	2	8	1	4	46	232	5	7	10	9
17	227	3	9	0	10	47	233	0	9	4	4
18	227	4	10	0	5	48	233	1	10	9	11
19	227	5	10	11	11	49	233	3	0	4	4
20	228	0	11	11	5	50	233	4	1	9	11
21	228	2	0	11	10	51	233	5	3	4	4
22	228	3	2	0	2	52	234	0	4	11	7
23	228	4	3	0	7	53	234	1	6	6	1
24	228	5	4	1	2	54	234	2	8	1	4
25	229	0	5	2	2	55	234	3	9	4	8
26	229	1	6	3	5	56	234	4	11	4	10
27	229	2	7	4	8	57	235	0	1	0	1
28	229	3	8	5	11	58	235	1	2	8	3
29	229	4	9	8	1	59	235	2	4	4	5
30	229	5	10	10	2	60	235	3	6	1	5

TANGENTE DE 67 DEGRÉS.

Minutes.	Toises.	Pieds.	Pouces.	Lignes.	Points.	Minutes.	Toises.	Pieds.	Pouces.	Lignes.	Points.
1	235	4	7	9	7	31	241	3	8	7	8
2	235	5	9	6	7	32	241	4	10	11	7
3	236	0	11	4	6	33	242	0	1	3	7
4	236	2	1	1	6	34	242	1	3	8	4
5	236	3	2	11	5	35	242	2	6	1	2
6	236	4	4	9	4	36	242	3	8	5	11
7	236	5	6	7	2	37	242	4	10	10	9
8	237	0	8	5	1	38	243	0	1	4	5
9	237	1	10	3	10	39	243	1	3	10	1
10	237	3	0	2	7	40	243	2	6	3	9
11	237	4	2	2	2	41	243	3	8	10	3
12	237	5	4	1	0	42	243	4	11	4	10
13	238	0	6	0	7	43	244	0	1	11	4
14	238	1	8	0	2	44	244	1	4	5	10
15	238	2	9	11	10	45	244	2	7	1	3
16	238	4	0	0	3	46	244	3	9	8	8
17	238	5	2	0	9	47	244	5	0	4	0
18	239	0	4	1	3	48	245	0	3	0	3
19	239	1	6	2	7	49	245	1	5	8	7
20	239	2	8	3	1	50	245	2	8	4	10
21	239	3	10	4	5	51	245	3	11	1	11
22	239	5	0	6	7	52	245	5	1	10	2
23	240	0	2	8	0	53	246	0	4	7	4
24	240	1	4	10	2	54	246	1	7	5	3
25	240	2	7	0	5	55	246	2	10	2	5
26	240	3	9	3	5	56	246	4	1	0	5
27	240	4	11	5	8	57	246	5	3	11	3
28	241	0	1	8	9	58	247	0	6	9	3
29	241	1	3	11	10	59	247	1	9	8	1
30	241	2	6	3	9	60	247	3	0	6	11

TANGENTE DE 68 DEGRÉS.

MINUTES.	TOISES.	PIEDS.	POUCES.	LIGNES.	POINTS.	MINUTES.	TOISES.	PIEDS.	POUCES.	LIGNES.	POINTS.
1	247	4	3	6	7	31	254	0	5	10	0
2	247	5	6	5	7	32	254	1	9	5	0
3	248	0	9	5	2	33	254	3	1	9	5
4	248	2	0	5	9	34	254	4	8	5	2
5	248	3	3	5	6	35	254	5	0	2	0
6	248	4	6	6	1	36	255	1	3	11	3
7	248	5	9	7	6	37	255	2	7	8	8
8	249	1	0	8	1	38	255	3	11	5	3
9	249	2	3	9	6	39	255	4	5	5	8
10	249	3	6	10	11	40	256	0	3	3	9
11	249	4	10	1	3	41	256	1	7	1	10
12	250	0	1	2	8	42	256	2	10	11	11
13	250	1	4	5	0	43	256	4	2	10	10
14	250	2	7	8	2	44	256	5	6	9	10
15	250	3	10	10	5	45	257	0	10	8	9
16	250	5	2	1	8	46	257	2	2	8	7
17	251	0	5	5	8	47	257	3	6	8	4
18	251	2	11	1	8	48	257	4	10	8	8
19	251	3	0	0	10	49	258	0	2	8	8
20	251	4	3	5	9	50	258	1	6	8	8
21	251	5	6	11	0	51	258	2	10	10	2
22	252	0	10	2	8	52	258	4	2	10	10
23	252	2	1	7	4	53	258	5	7	0	5
24	252	3	5	1	4	54	259	0	11	2	9
25	252	4	8	6	3	55	259	2	3	4	4
26	253	0	0	0	10	56	259	3	7	6	9
27	253	1	3	6	7	57	259	4	11	9	1
28	253	2	7	1	3	58	260	0	4	0	5
29	253	3	10	7	10	59	260	1	8	3	8
30	253	5	2	2	6	60	260	3	0	6	11

k

TANGENTE DE 69 DEGRÉS.

Minutes.	Toises.	Pieds.	Pouces.	Lignes.	Points.	Minutes.	Toises.	Pieds.	Pouces.	Lignes.	Points.
1	260	4	4	11	0	31	267	4	2	3	11
2	260	5	9	3	2	32	267	4	7	5	7
3	261	1	6	7	4	33	268	1	0	8	10
4	261	2	6	0	3	34	268	2	5	11	4
5	261	3	10	5	3	35	268	3	10	4	9
6	261	5	2	11	2	36	268	5	4	11	2
7	262	0	7	4	2	37	269	0	9	5	7
8	262	1	11	10	8	38	269	2	2	8	11
9	262	3	4	4	8	39	269	3	7	11	2
10	262	4	8	11	2	40	269	5	4	4	4
11	263	0	1	6	2	41	270	0	6	8	8
12	263	1	6	0	10	42	270	2	0	1	8
13	263	2	10	5	5	43	270	3	5	5	8
14	263	4	3	4	6	44	270	4	10	11	8
15	263	5	8	0	6	45	271	0	4	4	8
16	264	1	0	8	11	46	271	1	9	10	6
17	264	2	5	5	5	47	271	3	3	5	3
18	264	3	10	2	8	48	271	4	9	0	3
19	264	5	3	0	0	49	272	0	2	7	11
20	265	0	7	9	4	50	272	1	8	1	7
21	265	2	0	7	6	51	272	3	1	9	2
22	265	3	5	5	8	52	272	4	7	6	10
23	265	4	10	3	10	53	273	0	1	1	4
24	266	0	3	2	11	54	273	1	6	10	9
25	266	1	8	1	11	55	273	3	0	7	2
26	266	3	1	1	10	56	273	4	6	5	7
27	266	4	6	1	9	57	274	0	0	2	10
28	266	5	11	1	8	58	274	1	6	0	2
29	267	1	4	2	5	59	274	2	11	11	2
30	267	2	9	3	2	60	274	4	5	9	5

TANGENTE DE 70 DEGRÉS.

Minutes.	Toises.	Pieds.	Pouces.	Lignes.	Points.	Minutes.	Toises.	Pieds.	Pouces.	Lignes.	Points.
1	274	5	11	8	7	31	282	3	10	11	4
2	275	1	5	7	8	32	282	5	5	9	8
3	275	2	11	7	8	33	283	1	0	8	1
4	275	4	5	7	8	34	283	2	7	6	5
5	275	5	11	8	7	35	283	4	2	5	9
6	276	1	5	8	7	36	283	5	9	4	10
7	276	2	11	10	3	37	284	1	4	4	11
8	276	4	5	11	2	38	284	2	11	5	11
9	277	0	0	0	0	39	284	4	6	6	11
10	277	1	6	3	5	40	285	0	1	8	0
11	277	3	0	6	8	41	285	1	8	2	6
12	277	4	6	8	8	42	285	3	3	11	6
13	278	0	1	0	1	43	285	4	11	1	4
14	278	1	7	3	7	44	286	0	5	10	0
15	278	3	1	8	0	45	286	2	1	8	7
16	278	4	8	0	2	46	286	3	8	10	3
17	279	0	2	4	6	47	286	5	4	2	8
18	279	1	8	2	6	48	287	0	11	6	3
19	279	3	3	2	11	49	287	2	6	11	6
20	279	4	9	8	11	50	287	4	2	3	11
21	280	0	4	3	0	51	287	5	10	11	7
22	280	1	10	9	0	52	288	1	5	3	4
23	280	3	5	3	11	53	288	3	0	9	6
24	280	4	11	10	10	54	288	4	8	3	8
25	281	0	6	6	7	55	289	0	3	10	8
26	281	2	1	2	5	56	289	1	11	6	6
27	281	3	7	11	0	57	289	3	7	1	6
28	281	5	2	7	8	58	289	5	2	10	3
29	282	0	9	4	4	59	290	0	10	6	2
30	282	2	4	1	10	60	290	2	6	3	9

Minutes	Toises	Pieds	Pouces	Lignes	Points	Minutes	Toises	Pieds	Pouces	Lignes	Points
1	290	4	2	0	6	31	299	0	11	3	8
2	290	5	9	10	6	32	299	2	8	2	2
3	291	1	9	8	7	33	299	4	5	0	9
4	291	3	5	7	0	34	300	0	1	11	2
5	291	4	9	6	4	35	300	1	10	11	7
6	292	0	5	5	8	36	300	3	7	0	11
7	292	2	5	5	0	37	300	5	2	0	2
8	292	3	9	5	2	38	301	1	11	2	4
9	292	5	9	5	10	39	301	2	11	2	6
10	293	1	5	6	5	40	301	4	8	4	6
11	293	2	9	8	4	41	302	0	5	6	6
12	293	4	5	10	3	42	302	2	2	9	5
13	294	0	2	0	2	43	302	4	0	4	3
14	294	1	10	3	0	44	302	5	9	7	0
15	294	3	6	5	9	45	303	1	6	7	9
16	294	5	2	10	10	46	303	3	4	0	6
17	295	0	11	1	1	47	303	5	1	5	6
18	295	2	7	5	7	48	304	0	10	10	6
19	295	4	3	10	1	49	304	2	8	4	10
20	296	0	0	3	5	50	304	4	5	11	2
21	296	1	11	1	8	51	305	0	3	5	8
22	296	3	5	3	1	52	305	2	1	0	8
23	296	5	1	9	4	53	305	3	10	8	9
24	297	0	10	3	7	54	305	5	8	4	10
25	297	2	6	11	6	55	306	1	6	1	9
26	297	4	3	6	7	56	306	3	3	10	7
27	298	0	0	3	5	57	306	5	1	7	3
28	298	1	8	11	5	58	307	0	11	6	3
29	298	3	5	8	3	59	307	2	9	4	11
30	298	5	2	5	11	60	307	4	7	4	0

TANGENTE DE 72 DEGRÉS.

Minutes	Toises	Pieds	Pouces	Lignes	Points	Minutes	Toises	Pieds	Pouces	Lignes	Points
1	308	0	5	0	4	31	317	2	10	7	8
2	308	2	3	2	7	32	317	4	9	10	8
3	308	4	1	3	0	33	318	0	9	1	9
4	308	5	11	4	3	34	318	2	8	5	8
5	309	1	11	10	3	35	318	4	7	9	7
6	309	3	7	6	9	36	319	0	7	2	7
7	309	5	5	9	8	37	319	2	6	7	2
8	310	1	3	11	9	38	319	4	6	1	9
9	310	3	2	3	8	39	320	0	5	7	9
10	310	5	0	7	6	40	320	2	5	2	9
11	311	0	10	11	4	41	320	4	4	10	2
12	311	2	9	4	0	42	321	0	4	6	5
13	311	4	7	9	7	43	321	2	4	2	8
14	312	0	6	3	2	44	321	4	3	11	10
15	312	2	4	8	9	45	322	0	3	8	11
16	312	4	3	4	0	46	322	2	3	6	11
17	313	0	1	11	4	47	322	4	3	5	9
18	313	2	0	6	7	48	323	0	3	4	7
19	313	3	11	2	9	49	323	2	3	4	4
20	313	5	9	10	11	50	323	4	3	4	11
21	314	1	8	8	10	51	324	0	3	5	6
22	314	3	7	4	10	52	324	2	3	6	11
23	314	5	6	4	7	53	324	4	3	8	4
24	315	1	5	2	6	54	325	0	3	11	6
25	315	3	4	2	1	55	325	2	4	1	10
26	315	5	3	2	9	56	325	4	4	5	10
27	316	1	2	2	2	57	326	0	4	9	11
28	316	3	1	2	8	58	326	2	5	1	11
29	316	5	0	4	0	59	326	4	5	6	8
30	317	0	11	5	5	60	327	0	6	1	5

TANGENTE DE 73 DEGRÉS.											
Minutes.	Toises.	Pieds.	Pouces.	Lignes.	Points.	Minutes.	Toises.	Pieds.	Pouces.	Lignes.	Points.
1	327	2	6	7	2	31	337	5	8	9	1
2	327	4	7	2	8	32	338	1	10	9	0
3	328	0	7	10	2	33	338	4	0	0	8
4	328	2	8	5	8	34	339	0	3	0	3
5	328	4	9	4	11	35	339	2	5	2	9
6	329	0	9	11	3	36	339	4	7	5	3
7	329	2	10	9	4	37	340	0	9	9	6
8	329	4	11	7	5	38	340	3	0	1	9
9	330	1	0	6	4	39	340	5	2	5	11
10	330	3	1	5	3	40	341	1	4	11	11
11	330	5	2	5	11	41	341	3	7	5	10
12	331	1	3	5	9	42	341	5	10	0	8
13	331	3	4	7	4	43	342	2	0	7	6
14	331	5	5	8	10	44	342	4	3	4	0
15	332	1	6	11	3	45	343	0	6	0	7
16	332	3	8	2	6	46	343	2	8	10	0
17	332	5	9	5	9	47	343	4	11	7	5
18	333	1	10	9	11	48	344	1	2	6	6
19	333	4	0	2	0	49	344	3	5	5	8
20	334	0	1	7	10	50	344	5	8	7	8
21	334	2	3	1	9	51	345	1	11	5	8
22	334	4	4	7	8	52	345	4	2	7	5
23	335	0	6	3	2	53	346	0	5	9	1
24	335	2	7	10	9	54	346	2	8	11	9
25	335	4	9	7	2	55	346	5	0	2	4
26	336	0	11	3	8	56	347	1	3	6	7
27	336	3	11	3	0	57	347	3	6	10	11
28	336	5	2	11	2	58	347	5	10	4	2
29	337	1	4	10	2	59	348	2	0	4	4
30	337	3	6	9	3	60	348	4	4	4	3

TANGENTE DE 74 DEGRÉS.

Minutes.	Toises.	Pieds.	Pouces.	Lignes.	Points.
1	349	0	8	11	2
2	349	3	0	6	11
3	349	5	4	3	7
4	350	1	8	3	0
5	350	3	11	10	7
6	351	0	3	8	11
7	351	2	7	8	2
8	351	4	11	8	3
9	352	1	3	9	3
10	352	3	7	10	2
11	353	0	0	0	0
12	353	2	4	2	8
13	353	4	8	6	3
14	354	1	0	9	10
15	354	3	5	3	11
16	354	5	9	8	4
17	355	2	9	2	6
18	355	4	6	9	6
19	356	0	11	5	3
20	356	3	4	1	3
21	356	5	8	10	0
22	357	2	1	7	7
23	357	4	6	6	1
24	358	0	11	5	5
25	358	3	4	5	7
26	358	5	9	5	9
27	359	2	2	7	8
28	359	4	7	9	7
29	360	1	7	0	5
30	360	3	6	4	0
31	360	5	11	8	7
32	361	2	5	1	7
33	361	4	10	1	8
34	362	1	4	9	8
35	362	3	9	8	7
36	363	0	3	4	7
37	363	2	9	1	5
38	363	5	2	11	8
39	364	1	8	9	8
40	364	4	2	8	3
41	365	0	8	8	7
42	365	3	2	8	10
43	365	5	8	9	11
44	366	2	3	0	0
45	366	4	9	2	11
46	367	1	3	6	7
47	367	3	9	11	3
48	368	0	4	4	8
49	368	2	10	10	2
50	368	5	6	5	5
51	369	2	0	9	6
52	369	4	6	9	6
53	370	1	1	6	5
54	370	3	8	4	3
55	371	0	3	2	11
56	371	2	10	2	5
57	371	5	5	2	9
58	372	2	0	4	0
59	372	4	7	6	2
60	373	1	2	9	1

Minutes.	Toises.	Pieds.	Pouces.	Lignes.	Points.	Minutes.	Toises.	Pieds.	Pouces.	Lignes.	Points.
1	373	3	10	0	1	31	387	0	9	8	8
2	374	0	5	4	10	32	387	3	7	3	3
3	374	3	0	10	4	33	388	0	4	10	9
4	374	5	8	3	11	34	388	3	2	6	3
5	375	2	3	11	3	35	389	0	0	3	5
6	375	4	11	6	6	36	389	2	10	1	6
7	376	1	7	3	7	37	389	5	8	0	6
8	376	4	3	0	7	38	390	2	6	0	3
9	377	0	10	10	6	39	390	5	4	1	0
10	377	3	6	10	1	40	391	2	1	2	5
11	378	0	2	9	8	41	391	5	0	4	11
12	378	2	10	11	2	42	392	1	10	8	2
13	378	5	7	0	5	43	392	4	9	0	3
14	379	2	3	2	7	44	393	1	7	6	2
15	379	4	11	5	8	45	393	4	6	0	0
16	380	1	7	9	7	46	394	1	4	7	7
17	380	4	4	3	3	47	394	4	3	4	0
18	381	1	0	8	11	48	395	1	2	1	4
19	381	3	9	3	5	49	395	4	0	11	6
20	382	0	5	10	11	50	396	0	11	10	7
21	382	3	1	5	7	51	396	3	10	10	6
22	382	3	11	5	1	52	397	0	9	11	3
23	383	2	8	3	1	53	397	3	9	1	9
24	383	5	5	1	11	54	398	0	8	4	3
25	384	3	2	2	6	55	398	3	7	8	5
26	384	4	11	3	1	56	399	0	7	1	6
27	385	1	8	4	6	57	399	3	6	7	6
28	385	4	5	7	8	58	400	0	6	2	4
29	386	1	2	10	10	59	400	3	5	10	0
30	386	4	0	3	9	60	401	0	5	7	5

TANGENTE DE 76 DEGRÉS.

Minutes.	Toises.	Pieds.	Pouces.	Lignes.	Points.	Minutes.	Toises.	Pieds.	Pouces.	Lignes.	Points.
1	401	3	6	4	10	31	417	0	4	7	4
2	402	0	5	3	11	32	417	3	9	10	5
3	402	3	5	3	11	33	418	0	9	7	2
4	403	0	5	4	10	34	418	4	0	7	2
5	403	3	5	6	6	35	419	1	3	5	9
6	404	0	5	10	0	36	419	4	6	5	2
7	404	3	6	1	5	37	420	2	11	10	3
8	405	0	6	6	7	38	420	5	0	6	7
9	405	3	7	0	8	39	421	2	3	9	6
10	406	0	7	8	5	40	421	5	7	2	1
11	406	3	4	9	0	41	422	0	10	6	11
12	407	0	9	1	9	42	423	0	2	5	1
13	407	3	9	11	3	43	423	3	5	9	1
14	408	0	10	10	6	44	424	0	9	5	2
15	408	3	11	11	5	45	424	4	9	3	6
16	409	1	1	0	5	46	425	1	5	2	11
17	409	4	2	3	1	47	425	4	9	2	2
18	410	1	3	6	7	48	426	2	1	4	3
19	410	4	4	11	0	49	426	5	5	6	3
20	411	1	6	5	2	50	427	2	7	5	3
21	411	4	7	11	4	51	428	0	2	2	9
22	412	1	9	7	2	52	428	3	6	9	3
23	412	4	11	3	11	53	429	0	11	4	6
24	413	2	1	2	5	54	429	4	4	1	6
25	413	5	3	1	9	55	430	1	8	11	5
26	414	2	5	1	11	56	430	5	1	10	2
27	414	5	7	3	0	57	431	2	6	10	8
28	415	2	9	5	9	58	432	0	6	0	10
29	415	5	11	8	7	59	432	3	0	5	3
30	416	3	2	5	1	60	433	0	10	7	0

Minutes.	Toises.	Pieds.	Pouces.	Lignes.	Points.	Minutes.	Toises.	Pieds.	Pouces.	Lignes.	Points.
1	433	4	4	0	8	31	451	4	1	9	11
2	434	1	9	7	2	32	452	1	10	9	0
3	434	5	3	2	7	33	452	5	7	9	11
4	435	2	8	11	9	34	453	3	4	1	4
5	436	0	2	10	7	35	454	1	2	5	8
6	436	3	8	9	5	36	454	4	11	5	10
7	437	1	2	10	10	37	455	2	8	10	7
8	437	4	9	1	2	38	456	0	6	3	3
9	438	2	3	4	4	39	456	4	4	3	9
10	438	5	9	9	3	40	457	2	2	0	10
11	439	3	4	3	0	41	458	0	0	0	10
12	440	0	10	10	6	42	458	3	10	1	10
13	440	4	8	7	8	43	459	1	8	4	6
14	441	2	0	4	11	44	459	5	6	8	1
15	441	5	7	4	8	45	460	3	5	2	2
16	442	3	2	5	5	46	461	1	3	9	3
17	443	0	9	6	11	47	461	5	2	5	1
18	443	4	4	10	2	48	462	3	1	3	7
19	444	2	0	3	2	49	463	1	0	2	11
20	444	5	7	9	0	50	463	4	11	3	11
21	445	3	3	4	7	51	464	2	10	6	9
22	446	0	11	1	1	52	465	0	9	10	4
23	446	4	6	10	11	53	465	4	9	4	7
24	447	2	2	11	2	54	466	2	8	11	8
25	447	5	7	4	8	55	467	0	8	8	7
26	448	3	7	2	5	56	467	4	8	6	3
27	449	1	3	5	9	57	468	2	8	6	8
28	449	4	11	10	10	58	469	0	8	7	5
29	450	2	8	4	10	59	469	4	8	11	5
30	451	0	5	0	6	60	470	2	9	4	0

Minutes.	Toises.	Pieds.	Pouces.	Lignes.	Points.	Minutes.	Toises.	Pieds.	Pouces.	Lignes.	Points.
1	471	0	9	9	6	31	492	1	5	10	3
2	471	4	10	5	7	32	492	5	10	9	4
3	472	2	11	3	4	33	493	4	3	10	1
4	473	1	0	2	0	34	494	2	9	0	7
5	473	5	1	5	5	35	495	1	2	5	8
6	474	3	2	5	5	36	495	5	7	11	7
7	475	1	3	9	3	37	496	4	1	8	2
8	475	5	5	2	9	38	497	2	7	6	5
9	476	3	6	9	3	39	498	1	1	6	5
10	477	1	8	6	3	40	498	5	7	8	2
11	477	5	10	5	0	41	499	4	1	11	7
12	478	4	0	5	6	42	500	2	8	5	8
13	479	2	2	6	10	43	501	1	3	0	7
14	480	0	4	10	9	44	501	5	9	10	1
15	480	4	7	3	7	45	502	4	4	9	4
16	481	2	9	10	1	46	503	2	11	11	2
17	482	1	0	7	2	47	504	1	7	2	8
18	482	5	3	5	2	48	505	0	2	7	1
19	483	3	6	5	9	49	505	4	10	3	0
20	484	1	9	7	2	50	506	3	5	11	9
21	485	0	10	10	4	51	507	2	1	11	0
22	485	4	0	4	2	52	508	0	10	0	1
23	486	2	7	10	9	53	508	5	6	2	11
24	487	0	11	8	0	54	509	4	2	8	3
25	487	5	3	6	1	55	510	2	11	3	4
26	488	3	7	5	10	56	511	1	8	0	2
27	489	1	11	8	3	57	512	0	4	11	7
28	490	0	4	0	5	58	512	5	2	0	9
29	490	4	8	5	5	59	513	3	11	3	8
30	491	3	1	1	0	60	514	2	8	0	1

TANGENTE DE 79 DEGRÉS.

MINUTES.	TOISES.	PIEDS.	POUCES.	LIGNES.	POINTS.	MINUTES.	TOISES.	PIEDS.	POUCES.	LIGNES.	POINTS.
1	515	1	6	4	4	31	540	2	6	10	8
2	516	0	4	2	1	32	541	2	10	3	0
3	516	5	2	1	8	33	542	1	1	9	6
4	517	4	0	2	11	34	543	0	5	6	6
5	518	2	10	6	9	35	543	5	9	5	9
6	519	1	9	0	3	36	544	5	1	11	2
7	520	0	7	8	5	37	545	4	6	0	10
8	520	5	6	6	4	38	546	3	10	7	10
9	521	4	5	6	10	39	547	3	3	4	7
10	522	3	4	9	0	40	548	2	8	4	10
11	523	2	4	9	10	41	549	2	1	7	7
12	524	1	3	8	6	42	550	1	7	0	11
13	525	0	3	5	6	43	551	1	0	7	2
14	525	5	3	4	4	44	552	1	6	5	9
15	526	4	3	5	9	45	553	0	6	6	11
16	527	3	3	8	11	46	553	5	6	8	11
17	528	2	4	2	8	47	554	5	1	2	5
18	529	1	4	11	0	48	555	4	7	10	6
19	530	0	5	9	1	49	556	4	2	9	1
20	530	5	6	8	11	50	557	3	9	10	4
21	531	4	8	0	3	51	558	3	5	3	6
22	532	3	9	5	2	52	559	3	0	9	6
23	533	2	10	11	11	53	560	2	8	6	6
24	534	2	0	10	1	54	561	2	4	6	2
25	535	1	2	10	0	55	562	2	0	9	6
26	536	0	4	11	7	56	563	1	7	0	1
27	536	5	6	2	4	57	564	1	5	10	3
28	537	4	9	11	6	58	565	1	0	9	3
29	538	4	0	8	11	59	566	0	11	10	7
30	539	3	3	8	1	60	567	0	9	2	7

TANGENTE DE 80 DEGRÉS.

Minutes.	Toises.	Pieds.	Pouces.	Lignes.	Points.	Minutes.	Toises.	Pieds.	Pouces.	Lignes.	Points.
1	568	0	6	9	3	31	598	3	10	6	2
2	569	0	4	6	5	32	599	4	3	9	3
3	570	0	2	7	1	33	600	4	9	3	9
4	571	0	0	10	4	34	601	5	3	8	2
5	571	5	7	11	7	35	602	5	3	3	1
6	572	5	7	8	9	36	604	0	3	3	6
7	573	5	9	0	7	37	605	0	10	3	7
8	574	5	8	3	1	38	606	1	5	2	6
9	575	5	7	9	0	39	607	2	0	4	11
10	576	5	7	4	8	40	608	2	7	10	9
11	577	5	7	3	10	41	609	3	3	8	1
12	578	5	7	6	5	42	610	3	11	8	10
13	579	5	11	6	10	43	611	4	8	8	1
14	580	5	8	7	5	44	612	4	1	8	9
15	581	5	9	5	9	45	614	0	1	7	10
16	582	5	10	7	7	46	615	0	10	9	7
17	584	0	0	10	10	47	616	1	6	3	8
18	585	0	1	8	9	48	617	2	6	2	1
19	586	0	3	7	2	49	618	3	4	2	1
20	587	0	5	9	8	50	619	4	2	6	6
21	588	0	8	1	7	51	620	5	1	3	7
22	589	0	10	9	0	52	622	0	0	2	7
23	590	1	1	9	6	53	623	0	11	6	6
24	591	1	4	10	6	54	624	1	11	0	6
25	592	1	8	4	6	55	625	2	11	11	0
26	593	2	8	0	7	56	626	3	11	11	11
27	594	2	4	0	1	57	627	4	11	8	7
28	595	2	8	3	8	58	629	0	0	5	2
29	596	3	0	8	8	59	630	1	0	6	5
30	597	3	5	5	8	60	631	2	3	0	0

TANGENTE DE 81 DEGRÉS.

Minutes.	Toises.	Pieds.	Pouces.	Lignes.	Points.	Minutes.	Toises.	Pieds.	Pouces.	Lignes.	Points.
1	632	3	4	9	0	31	670	2	8	3	11
2	633	4	6	9	6	32	671	4	8	8	10
3	634	5	9	1	5	33	673	0	9	6	11
4	636	0	11	11	9	34	674	2	10	9	4
5	637	2	2	10	3	35	675	5	0	4	1
6	638	3	6	2	4	36	677	1	2	3	4
7	639	4	9	10	8	37	678	3	4	7	10
8	641	0	1	10	6	38	679	5	7	3	7
9	642	1	6	2	7	39	681	1	10	5	9
10	643	2	10	10	2	40	682	4	1	11	0
11	644	4	3	10	1	41	684	0	5	10	5
12	645	5	9	1	5	42	685	2	10	2	3
13	647	1	2	9	1	43	686	5	2	10	2
14	648	2	8	9	1	44	688	1	8	0	7
15	649	4	3	1	5	45	689	4	1	5	0
16	650	5	9	9	3	46	691	0	7	5	9
17	652	1	4	9	4	47	692	3	8	8	8
18	653	3	0	4	9	48	693	5	8	5	8
19	654	4	7	10	6	49	695	2	3	7	9
20	656	0	3	11	6	50	696	4	11	3	8
21	657	2	0	4	0	51	698	1	7	2	8
22	658	3	9	1	9	52	699	4	3	8	4
23	659	5	6	2	11	53	701	0	10	10	2
24	661	1	3	9	3	54	702	3	9	9	6
25	662	3	1	7	0	55	704	0	7	5	10
26	663	4	11	9	11	56	705	3	5	8	3
27	665	0	10	4	5	57	707	0	4	3	0
28	666	2	9	4	0	58	708	3	3	2	11
29	667	4	8	7	1	59	710	0	2	8	10
30	669	0	8	4	7	60	711	3	2	7	1

TANGENTE DE 82 DEGRÉS.

Minutes	Toises	Pieds	Pouces	Lignes	Points	Minutes	Toises	Pieds	Pouces	Lignes	Points
1	713	0	2	11	5	31	761	1	8	7	1
2	714	3	3	9	10	32	763	0	0	4	7
3	716	0	5	0	6	33	764	4	4	7	7
4	717	5	6	0	7	34	766	2	9	5	9
5	719	0	8	11	7	35	768	1	8	10	10
6	720	3	11	7	2	36	769	5	8	10	10
7	722	1	2	8	3	37	771	4	3	4	11
8	723	4	6	2	7	38	773	2	10	6	9
9	725	1	10	3	0	39	775	1	3	2	7
10	726	5	2	9	5	40	777	0	2	6	3
11	728	2	7	9	8	41	778	4	11	3	11
12	730	0	7	2	8	42	780	3	8	9	5
13	731	3	7	2	3	43	782	2	6	8	11
14	733	1	8	7	4	44	784	1	5	4	3
15	734	4	8	7	1	45	786	0	4	7	4
16	736	2	4	0	1	46	787	5	4	4	5
17	737	5	11	11	2	47	789	4	4	9	5
18	739	3	8	3	4	48	791	3	5	10	0
19	741	1	5	2	6	49	793	2	7	3	2
20	742	5	2	7	8	50	795	1	9	8	11
21	744	3	0	6	11	51	797	1	0	7	2
22	746	0	11	0	2	52	799	0	5	1	3
23	747	4	9	11	6	53	800	5	10	3	1
24	749	2	8	5	9	54	802	5	0	11	10
25	751	0	9	5	2	55	804	4	6	5	2
26	752	4	9	11	6	56	806	4	0	4	3
27	754	2	10	11	11	57	808	3	7	2	5
28	756	1	0	7	2	58	810	3	2	6	3
29	757	5	2	8	7	59	812	2	10	6	9
30	759	3	5	4	10	60	814	2	7	3	0

TANGENTE DE 83 DEGRÉS.

Minutes.	Toises.	Pieds.	Pouces.	Lignes.	Points.	Minutes.	Toises.	Pieds.	Pouces.	Lignes.	Points.
1	816	2	4	7	0	31	879	5	9	4	11
2	818	2	2	7	8	32	882	1	6	0	10
3	820	2	1	4	2	33	884	3	3	8	1
4	822	2	0	8	8	34	886	5	2	0	9
5	824	2	0	9	3	35	889	1	1	3	10
6	826	2	1	6	9	36	891	3	1	5	3
7	828	2	3	0	0	37	893	5	2	5	1
8	830	2	5	1	11	38	896	1	4	3	8
9	832	2	8	0	6	39	898	3	7	0	8
10	834	2	11	8	11	40	900	5	10	8	5
11	836	3	3	11	6	41	903	2	3	3	5
12	838	3	9	0	0	42	905	4	8	7	8
13	840	4	2	9	1	43	908	1	3	1	5
14	842	4	9	2	11	44	910	3	10	5	3
15	844	5	4	5	3	45	913	0	6	8	4
16	847	0	0	5	2	46	915	3	3	10	8
17	849	0	9	1	9	47	918	0	2	0	2
18	851	1	6	7	9	48	920	3	1	1	0
19	853	2	4	10	6	49	923	0	1	2	10
20	855	3	3	10	8	50	925	3	2	1	11
21	857	4	3	8	4	51	928	0	4	2	1
22	859	5	4	2	8	52	930	3	7	1	6
23	862	0	5	7	5	53	933	0	11	1	1
24	864	1	7	8	9	54	935	4	4	0	8
25	866	2	10	8	5	55	938	5	10	0	5
26	868	4	2	4	10	56	940	5	5	0	2
27	870	5	6	11	6	57	943	3	1	1	0
28	873	1	0	3	9	58	946	0	10	1	10
29	875	2	6	6	4	59	948	4	8	2	9
30	877	4	1	6	5	60	951	2	7	4	8

TANGENTE DE 84 DEGRÉS.

Minutes.	Toises.	Pieds.	Pouces.	Lignes.	Points.	Minutes.	Toises.	Pieds.	Pouces.	Lignes.	Points.
1	954	0	7	7	7	31	1041	4	3	5	9
2	956	4	8	10	7	32	1044	5	5	7	9
3	959	2	11	3	4	33	1048	0	9	10	10
4	962	1	2	8	3	34	1051	2	8	3	4
5	964	5	7	3	10	35	1054	3	4	3	0
6	967	4	0	11	6	36	1057	5	4	3	0
7	970	2	7	8	2	37	1061	1	1	3	2
8	973	1	3	7	6	38	1064	2	11	11	7
9	976	0	0	7	9	39	1067	5	1	9	0
10	978	4	10	9	11	40	1071	1	1	9	9
11	981	3	10	9	10	41	1074	3	4	10	6
12	984	2	10	7	7	42	1077	5	2	7	4
13	987	2	0	4	4	43	1081	2	3	10	4
14	990	1	3	2	4	44	1084	4	11	7	5
15	993	0	7	2	4	45	1088	3	2	9	8
16	996	0	6	6	1	46	1091	4	7	11	4
17	998	5	6	11	6	47	1095	1	8	6	3
18	1001	5	2	7	8	48	1098	4	10	10	7
19	1004	4	11	8	7	49	1102	2	2	5	1
20	1007	4	9	9	10	50	1105	5	7	10	9
21	1010	4	9	2	11	51	1109	3	2	11	5
22	1013	4	9	11	6	52	1113	0	11	8	10
23	1016	4	11	11	9	53	1116	4	10	2	1
24	1019	5	3	2	7	54	1120	2	10	5	0
25	1022	5	7	9	11	55	1124	1	0	3	9
26	1026	0	1	8	9	56	1127	0	7	10	6
27	1029	0	9	0	0	57	1131	3	9	4	4
28	1032	1	5	6	10	58	1135	2	4	4	2
29	1035	2	3	6	1	59	1139	1	1	6	5
30	1038	3	2	9	8	60	1143	0	0	4	4

Minutes.	Toises.	Pieds.	Pouces.	Lignes.	Points.	Minutes.	Toises.	Pieds.	Pouces.	Lignes.	Points.
1	1146	5	0	11	10	31	1275	2	2	1	8
2	1150	4	3	5	9	32	1280	0	10	2	8
3	1154	3	7	10	2	33	1284	5	8	10	0
4	1158	3	2	1	1	34	1289	4	10	0	5
5	1162	2	5	5	8	35	1294	4	1	9	11
6	1166	2	8	4	10	36	1299	3	8	4	3
7	1170	2	8	4	10	37	1304	3	5	6	6
8	1174	2	10	5	0	38	1309	3	5	5	8
9	1178	3	2	4	6	39	1314	3	8	1	8
10	1182	3	8	5	1	40	1319	4	1	6	5
11	1186	4	4	5	0	41	1324	4	9	9	10
12	1190	5	2	5	11	42	1329	5	8	10	10
13	1195	1	2	8	0	43	1335	0	10	11	4
14	1199	1	4	11	0	44	1340	2	3	10	4
15	1203	2	9	3	2	45	1345	3	11	8	10
16	1207	4	3	9	3	46	1350	5	10	6	9
17	1212	0	0	5	2	47	1356	2	0	4	11
18	1216	1	11	3	11	48	1361	4	5	4	3
19	1220	4	0	4	7	49	1367	1	5	4	8
20	1225	0	3	8	1	50	1372	4	0	6	4
21	1229	2	9	2	4	51	1378	1	2	10	0
22	1233	5	5	0	2	52	1383	4	8	4	6
23	1238	2	3	1	9	53	1389	2	5	1	11
24	1242	5	3	6	11	54	1395	0	5	2	2
25	1247	2	6	4	7	55	1400	4	8	7	1
26	1251	5	11	6	10	56	1406	3	3	3	9
27	1256	3	7	2	5	57	1412	2	1	5	10
28	1261	1	5	2	6	58	1418	1	3	0	7
29	1265	5	5	8	0	59	1424	0	8	1	8
30	1270	3	8	7	8	60	1430	0	4	9	11

MINUTES.	TOISES.	PIEDS.	POUCES.	LIGNES.	POINTS.	MINUTES.	TOISES.	PIEDS.	POUCES.	LIGNES.	POINTS.
1	1436	0	5	0	6	31	1642	4	11	7	5
2	1442	0	8	10	3	32	1650	4	5	8	7
3	1448	1	4	4	2	33	1658	4	5	3	4
4	1454	2	3	6	11	34	1666	4	10	4	8
5	1460	3	6	7	6	35	1674	5	9	2	4
6	1466	5	1	5	0	36	1683	1	1	9	0
7	1473	1	0	8	2	37	1691	3	0	2	7
8	1479	3	2	8	0	38	1699	5	4	6	2
9	1485	5	9	3	2	39	1708	2	2	9	5
10	1492	2	7	9	11	40	1716	5	7	3	0
11	1498	5	10	5	0	41	1725	3	5	10	2
12	1505	3	5	2	2	42	1734	1	10	8	11
13	1512	1	4	1	6	43	1743	0	10	0	1
14	1518	5	7	3	10	44	1752	0	3	8	5
15	1525	4	2	9	1	45	1761	0	4	0	2
16	1532	3	2	7	1	46	1770	0	11	0	3
17	1539	2	6	9	10	47	1779	2	0	9	2
18	1546	2	3	5	2	48	1788	3	9	5	0
19	1553	2	4	7	10	49	1798	0	1	1	3
20	1560	2	10	5	0	50	1807	2	11	10	0
21	1567	3	8	10	3	51	1817	0	5	10	0
22	1574	5	0	0	7	52	1826	4	7	1	0
23	1582	0	7	11	0	53	1836	3	3	10	8
24	1589	2	8	8	3	54	1846	2	8	2	2
25	1596	5	2	5	8	55	1856	2	8	2	2
26	1604	2	1	0	8	56	1866	3	4	0	5
27	1611	5	4	9	7	57	1876	4	7	9	7
28	1619	3	1	7	10	58	1887	0	7	8	15
29	1627	1	3	7	6	59	1897	3	3	8	1
30	1634	5	10	11	11	60	1908	0	8	2	6

TANGENTE DE 86 DEGRÉS.

Tangente de 87 Degrés.

Minutes.	Toises.	Pieds.	Pouces.	Lignes.	Points.	Minutes.	Toises.	Pieds.	Pouces.	Lignes.	Points.
1	1918	4	9	1	1	31	2305	4	7	3	7
2	1929	3	6	7	6	32	2321	2	2	5	1
3	1940	3	0	11	3	33	2337	1	0	9	10
4	1951	3	4	2	1	34	2353	1	2	9	1
5	1962	4	4	6	9	35	2369	2	8	8	3
6	1974	0	2	1	1	36	2385	5	6	9	10
7	1985	2	9	0	7	37	2402	3	9	6	1
8	1997	0	1	7	0	38	2419	3	5	1	4
9	2008	4	3	10	1	39	2436	4	6	0	10
10	2020	3	3	11	6	40	2454	1	0	8	1
11	2032	3	2	2	9	41	2471	5	1	3	3
12	2044	3	11	8	9	42	2489	4	8	4	6
13	2056	5	5	7	1	43	2507	5	10	3	3
14	2069	1	11	2	2	44	2526	2	7	4	8
15	2081	5	3	6	11	45	2545	1	0	2	11
16	2094	3	6	11	10	46	2564	1	1	2	1
17	2107	2	9	6	7	47	2583	2	10	8	5
18	2120	2	11	7	8	48	2603	0	5	3	11
19	2133	4	1	3	10	49	2622	3	9	4	11
20	2147	0	2	10	7	50	2643	0	11	6	3
21	2160	3	4	6	5	51	2663	4	0	2	0
22	2174	1	6	6	1	52	2684	2	11	10	3
23	2188	0	9	0	0	53	2705	3	11	2	9
24	2202	1	0	3	9	54	2727	0	10	8	9
25	2216	2	4	7	10	55	2748	5	10	11	0
26	2230	4	10	3	10	56	2771	1	0	6	4
27	2245	2	5	6	3	57	2793	4	4	0	8
28	2260	1	2	5	8	58	2816	3	5	5	1
29	2275	1	1	7	4	59	2839	3	7	8	2
30	2290	2	3	1	9	60	2863	3	9	0	0

TANGENTE DE 88 DEGRÉS.

MINUTES.	TOISES.	PIEDS.	POUCES.	LIGNES.	POINTS.	MINUTES.	TOISES.	PIEDS.	POUCES.	LIGNES.	POINTS.
1	2887	4	3	0	7	31	3861	4	7	8	9
2	2912	1	2	4	10	32	3905	4	7	8	11
3	2937	0	7	11	11	33	3950	3	6	4	11
4	2962	2	8	4	10	34	3996	3	6	3	9
5	2988	1	4	6	9	35	4043	3	6	0	7
6	3014	2	9	3	2	36	4091	4	5	4	3
7	3041	0	11	4	6	37	4141	0	5	3	0
8	3068	1	11	10	0	38	4191	3	5	8	3
9	3095	5	11	5	11	39	4243	2	0	10	11
10	3124	0	0	4	6	40	4296	2	5	4	6
11	3152	5	3	8	11	41	4350	4	10	5	7
12	3182	0	10	3	10	42	4406	3	7	11	11
13	3211	4	9	3	5	43	4463	5	8	11	0
14	3242	0	1	2	8	44	4522	3	8	2	6
15	3273	0	1	6	10	45	4582	5	7	3	10
16	3304	3	8	3	3	46	4644	5	3	9	6
17	3336	3	1	6	9	47	4708	3	3	9	6
18	3369	2	4	11	4	48	4773	5	8	4	10
19	3402	4	7	10	4	49	4841	1	2	11	9
20	3436	4	0	9	7	50	4910	2	3	11	3
21	3471	3	8	2	6	51	4981	5	5	3	1
22	3506	5	8	9	1	52	5054	5	1	3	3
23	3543	0	9	2	7	53	5130	1	10	9	0
24	3580	0	3	11	6	54	5208	0	4	9	11
25	3617	4	6	8	8	55	5288	1	3	2	4
26	3656	1	7	1	10	56	5370	5	1	10	2
27	3695	3	7	2	5	57	5456	0	9	4	4
28	3735	4	8	9	8	58	5544	0	10	11	7
29	3776	5	1	11	11	59	5635	0	4	3	8
30	3818	5	0	10	11	60	5728	5	11	3	7

TANGENTE DE 89 DEGRÉS.

Minutes.	Toises.	Pieds.	Pouces.	Lignes.	Points.	Minutes.	Toises.	Pieds.	Pouces.	Lignes.	Points.
1	5826	0	8	5	1	31	11854	0	1	3	7
2	5926	3	6	3	2	32	12277	0	4	6	1
3	6030	3	5	10	10	33	12732	0	9	7	9
4	6138	1	8	11	5	34	13221	5	1	3	8
5	6249	5	5	10	7	35	13750	4	5	7	8
6	6365	4	0	6	4	36	14323	4	3	3	2
7	6485	4	9	8	1	37	14946	3	0	1	9 6
8	6610	3	3	4	7	38	15625	5	5	4	6
9	6740	1	1	3	10	39	16370	0	1	4	5
10	6875	0	0	7	9	40	17188	3	2	10	7
11	7015	2	0	1	5	41	18093	1	3	10	1
12	7161	3	0	6	1	42	19098	2	6	2	0
13	7313	5	4	8	9	43	20221	5	3	0	0
14	7472	5	6	0	4	44	21485	4	6	10	4
15	7639	0	0	0	10	45	22918	0	11	11	5
16	7812	3	9	7	9	46	24555	1	2	3	1 1
17	7994	2	0	8	4	47	26444	0	5	9	1 1
18	8124	4	2	8	3	48	28647	4	7	7	10
19	8384	2	1	3	3	49	31252	0	9	10	4
20	8593	5	10	5	10	50	34377	2	2	8	7
21	8814	2	1	8	5	51	38197	0	7	6	1 6
22	9046	2	0	0	7	52	42971	4	6	6	1
23	9290	5	1	1	6	53	49110	3	7	2	5
24	9548	5	8	3	1	54	57295	4	3	10	11
25	9821	4	9	2	0	55	68754	5	3	10	4
26	10110	4	1	8	2	56	85943	3	9	4	4
27	10417	0	6	9	3	57	114591	3	2	1	11
28	10742	3	10	7	10	58	171887	1	10	11	7
29	11089	1	2	9	1	59	343774	4	0	0	0
30	11458	5	2	3	4	60	infinie.				

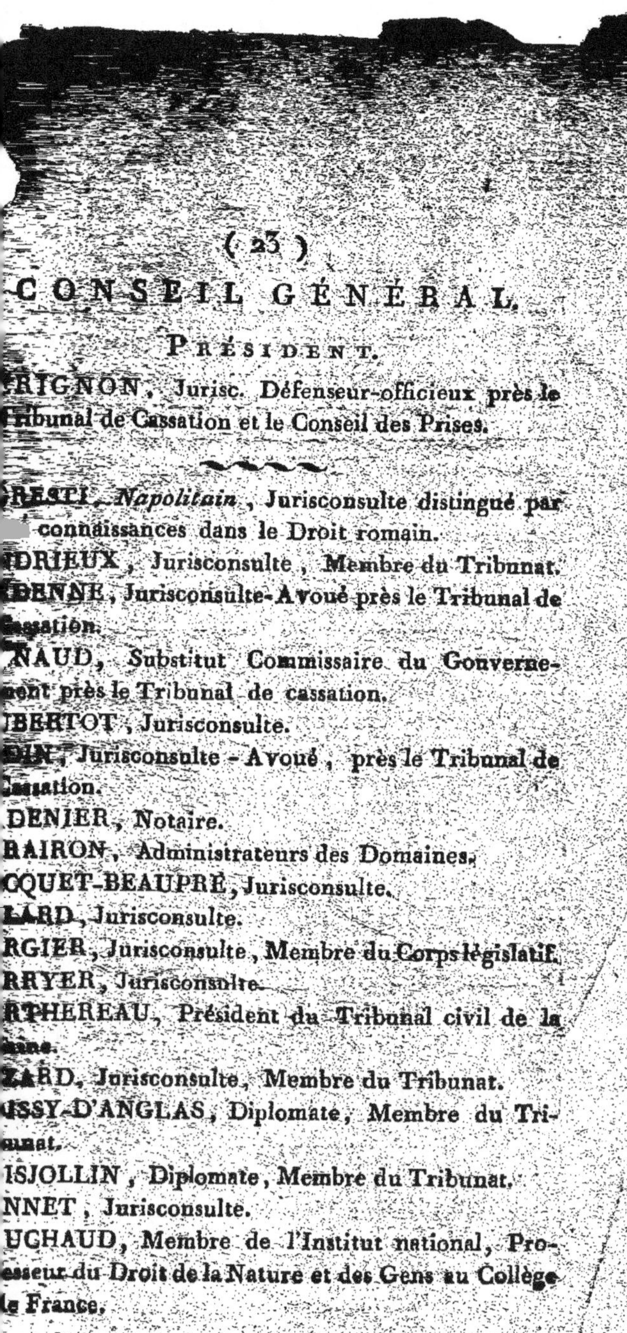

(23)

CONSEIL GÉNÉRAL.

PRÉSIDENT.

RIGNON, Jurisc. Défenseur-officieux près le Tribunal de Cassation et le Conseil des Prises.

———

RESTI, *Napolitain*, Jurisconsulte distingué par connaissances dans le Droit romain.

DRIEUX, Jurisconsulte, Membre du Tribunat.

BENNE, Jurisconsulte-Avoué près le Tribunal de Cassation.

NAUD, Substitut Commissaire du Gouvernement près le Tribunal de cassation.

IBERTOT, Jurisconsulte.

DIN, Jurisconsulte - Avoué, près le Tribunal de Cassation.

DENIER, Notaire.

RAIRON, Administrateurs des Domaines.

CQUET-BEAUPRÉ, Jurisconsulte.

LARD, Jurisconsulte.

RGIER, Jurisconsulte, Membre du Corps législatif.

RRYER, Jurisconsulte.

RTHEREAU, Président du Tribunal civil de la ...ine.

ZARD, Jurisconsulte, Membre du Tribunat.

USSY-D'ANGLAS, Diplomate, Membre du Tribunat.

ISJOLLIN, Diplomate, Membre du Tribunat.

NNET, Jurisconsulte.

UCHAUD, Membre de l'Institut national, Professeur du Droit de la Nature et des Gens au Collège de France.